R. W. EMERSON

Société et Solitude

Traduction de M. Dugard

= LIBRAIRIE ARMAND COLIN =
5, rue de Mézières, 5 — PARIS

Société et Solitude

LIBRAIRIE ARMAND COLIN

M. DUGARD

R. W. Emerson : sa vie et son œuvre. Un volume in-8°
raisin, broché. 7 50
(Ouvrage couronné par l'Académie française, prix Guizot)

L'homme. — Idées générales d'Emerson. — La vie individuelle. — La vie domestique. — La société et les questions qui s'y rattachent. — La vie religieuse. — Du génie d'Emerson et de son influence.

La Conduite de la Vie, par EMERSON. Traduction.
In-18, broché. 3 50

Société et Solitude, par EMERSON. Traduction.
In-18, broché. 3 50

Pages choisies d'Emerson. In-18, broché 3 50
  Relié toile. . . . . 4 »

La Culture morale. In-18, broché . . . . 3 »

De la Formation des maîtres de l'Enseignement secondaire à l'Étranger et en France. In-18, broché. 3 »

De l'Éducation moderne des jeunes filles. In-16, br. . . 1 »

R. W. EMERSON

Société
et Solitude

> Société et Solitude - La Civilisation - L'Art
> La Vie domestique - Les Travaux et les Jours
> Le Courage - Le Succès - La Vieillesse

Traduction de M. Dugard

= LIBRAIRIE ARMAND COLIN =
5, rue de Mézières, 5, PARIS
1911
Tous droits réservés.

AVANT-PROPOS

Emerson n'a pas à être présenté au public français. Depuis quelques années, les esprits las des systèmes se sont tournés vers le Penseur américain qui eut à un degré supérieur le sens de la vie. D'abord à demi voilé par le transcendantalisme, ce sens s'est dégagé de plus en plus dans les œuvres qui ont suivi ses premiers *Essays*, notamment dans la *Conduct of life*. Mais c'est dans *Society and Solitude*, publiée dix ans plus tard [1], qu'il se manifeste avec toute la force d'une sagesse parvenue à son plein épanouissement.

« Il me semble », lui écrivait Carlyle, « que l'on retrouve ici toute votre ancienne personnalité, et quelque chose *de plus*. Une calme intuition perçant jusqu'au cœur des faits, une noble sympathie, un admirable esprit *épique*, une âme paisiblement équi-

---

[1]. En 1870.

librée en ce monde bruyamment discordant dont elle voit la laideur, mais *note* seulement les vastes *opulences* nouvelles (encore si anarchiques); une âme qui sait exactement ce que valent la télégraphie électrique, avec tous ses dérangements et impertinences vulgaires, et *ditto ditto* les plus antiques théologies éternelles de l'homme. Tout cela appartient au plus haut ordre de pensée (vous pouvez le croire), et m'a paru, en outre, à bien des égards, la seule voix parfaitement *humaine* que j'aie entendue depuis longtemps parmi mes semblables. »

Il n'y a rien à ajouter à une telle appréciation. Le lecteur en reconnaîtra la justesse en sentant avec Carlyle l'action vivifiante de l'esprit émersonien.

M. D.

SOCIÉTÉ ET SOLITUDE

SOCIÉTÉ ET SOLITUDE

Au cours de mes voyages, je me suis trouvé avec un humoriste qui avait chez lui un modelage de la Méduse de Rondanini, et qui m'assura que le nom sous lequel cette grande œuvre d'art figurait dans les catalogues était inexact; il était convaincu que le sculpteur qui l'avait taillée la destinait à représenter la Mémoire, mère des Muses. Dans la conversation qui suivit, mon nouvel ami me fit quelques confidences extraordinaires. « Ne voyez-vous pas, » dit-il, « la punition du savoir? Ne voyez-vous pas que, pareil au bourreau du poème de Hood, chacun de ces scholars que vous avez rencontrés à S..., dût-il être le dernier homme, guillotinerait le dernier, sauf un? » Il ajouta nombre d'observations piquantes, mais son sérieux évident retint mon attention et, durant les semaines qui suivirent, nous fîmes plus ample connaissance. Il avait des capacités réelles, un naturel aimable et sans vices, mais il avait un défaut — il ne pouvait se mettre au diapason des autres. Son vouloir avait une sorte de paralysie, si bien que quand il se trouvait avec les gens sur un pied ordinaire, il causait pauvrement et à côté du sujet, comme une jeune fille évaporée. La conscience de son infériorité la rendait pire. Il enviait aux conducteurs de bestiaux et aux bûcherons de la taverne leur parler viril. Il soupirait après le *don terrible de la familiarité*[1] de Mirabeau, convaincu que celui dont la sympathie sait descendre au plus bas est l'homme de qui les rois ont le plus à craindre. Quant à lui, il déclarait ne pouvoir réussir à être assez seul pour écrire une lettre à un ami. Il quitta la ville, alla s'enterrer aux champs. La rivière solitaire n'avait pas assez de solitude; le soleil et la lune le gênaient. Quand il acheta une maison, la première chose qu'il fit fut de planter des arbres. Il ne pouvait se cacher suffisamment. Mettez ici une haie, plantez là des chênes — des arbres derrière les arbres, et par-dessus tout, des feuillages toujours verts, car ils maintiennent le mystère autour de vous toute l'année. Le plus agréable compliment que vous pussiez lui faire, c'était de donner à entendre que vous ne l'aviez pas remarqué dans la maison ou la rue où vous l'aviez rencontré. Tandis qu'il souffrait d'être vu où il était, il se consolait par la pensée délicieuse du nombre inimaginable d'endroits où il n'était pas. Tout ce qu'il demandait à son tailleur, c'était cette sobriété de couleur et de coupe qui ne saurait jamais retenir l'œil un instant. Il alla à Vienne, à Smyrne, à Londres. Dans toute la variété des costumes, le carnaval, le kaléidoscope des vêtements, il s'aperçut avec horreur qu'il ne pouvait jamais découvrir dans la rue un homme qui portât quoi que ce fût de pareil à son habillement. Il aurait donné son âme pour l'anneau

---

1. En français, dans le texte.

de Gygès. Le tourment d'être visible, avait émoussé
en lui les affres de la mort. « Croyez-vous, » disait-il,
« que j'aie une telle terreur d'être tué, moi qui
n'attends que le moment de laisser glisser mon vêtement corporel, de me dérober dans les étoiles lointaines, et de mettre des diamètres de systèmes
solaires et d'orbites sidérales entre tous les esprits et
moi — pour épuiser des siècles dans la solitude et
oublier, si possible, jusqu'au souvenir même ? » Ses
gaucheries[1] sociales lui donnaient un remords allant
jusqu'au désespoir, et il parcourait des kilomètres
et des kilomètres pour se défaire de ses contorsions
de visage, de ses tressaillements de bras et haussements d'épaules. Dieu peut pardonner les péchés,
disait-il, mais pour la maladresse, il n'est point de
pardon au ciel ni sur terre. Il admirait Newton, non
pas tant pour ses théories sur la lune, que pour sa
lettre à Collins, où il défend d'insérer son nom avec
la solution du problème dans les *Philosophical
Transactions* : « Cela me ferait peut-être connaître
davantage, chose que je m'applique particulièrement
à éviter. »

Ces conversations m'amenèrent un peu plus tard à
connaître des cas similaires, et à découvrir qu'ils ne
sont pas très rares. On trouve peu de pures sub-
stances dans la nature. Les tempéraments qui peuvent
supporter dans le plein jour les rudes procédés du
monde doivent être d'une pauvre constitution
moyenne — comme le fer et le sel, l'air atmosphé-
rique et l'eau. Mais il est des métaux, comme le
potassium et le sodium, qui, pour se garder purs,

---

1. En français, dans le texte.

doivent être conservés sous le naphte. Tels sont les talents orientés vers une spécialité, qu'une civilisation à son apogée nourrit au cœur des grandes villes et dans les chambres royales. La nature protège son œuvre. Un Archimède, un Newton, sont indispensables à la culture du monde ; aussi les préserve-t-elle par une certaine sécheresse. S'ils avaient été de bons vivants, aimant la danse, le Porto et les clubs, nous n'aurions ni la « Théorie de la Sphère », ni les « Principes ». Ils avaient ce besoin d'isolement qu'éprouve le génie. Chacun doit se tenir sur son trépied de verre, s'il veut garder son électricité. Swendeborg lui-même, dont la théorie de l'univers est fondée sur le sentiment, et qui revient à satiété sur les dangers et l'erreur de l'intellectualisme pur, est contraint de faire une exception extraordinaire : « Il est des anges qui ne vivent pas associés, mais séparés, chacun dans sa maison ; ceux-là habitent au milieu du ciel, parce qu'ils sont les meilleurs. »

Nous avons connu maintes gens d'esprit distingué qui avaient cette imperfection de ne pouvoir rien faire d'utile, pas même écrire une phrase correcte. Que tout homme ayant des tendances délicates, soit disqualifié pour la société, c'est chose pire et tragique. A distance, on l'admire ; mais amenez-le face à face, c'est un infirme. Les uns se protègent par l'isolement, d'autres par la courtoisie, d'autres encore par des manières acidulées ou mondaines — chacun cachant comme il peut la sensibilité de son épiderme et son inaptitude à la stricte intimité. Mais, en dehors des habitudes de *self-reliance* qui doivent tendre en pratique à rendre l'individu indépendant de la race humaine, ou bien d'une religion d'amour, il n'est aucun remède qui puisse atteindre la racine du mal. Un tel individu semble à peine avoir le droit de se marier : comment pourrait-il protéger une femme, celui qui ne peut se protéger lui-même?

Nous prions le Ciel de devenir des êtres de tradition. Mais s'il est quoi que ce soit de bon en vous, le Ciel avisé veille à ce que vous ne le deveniez pas. Dante était d'une société très désagréable, et on ne l'invitait jamais à dîner. Michel-Ange a connu à cet égard d'amers et tristes moments. Les ministres de la Beauté sont rarement beaux dans les salons et les carrosses. Christophe Colomb n'a point découvert d'île ni d'écueil aussi solitaires que lui-même. Cependant, chacun de ces maîtres a bien vu la raison de son isolement. Il était seul? Certes, oui ; mais sa société n'avait d'autres limites que la quantité de cerveau que la nature avait désignée à cette époque pour diriger le monde. « Si je reste, » disait Dante quand il fut question d'aller à Rome, « qui ira? et si je pars, qui restera ? »

Mais la nécessité de la solitude est plus profonde que nous ne l'avons dit ; elle est organique. J'ai vu plus d'un philosophe dont le monde n'est assez large que pour une personne. Il affecte d'être un compagnon agréable ; mais nous surprenons constamment son secret, à savoir qu'il entend et qu'il lui faut imposer son système à tout le reste. L'impulsion de chacun est de s'écarter de tous les autres, comme celle des arbres de tendre au libre espace. Quand chacun n'en fait qu'à sa tête, il n'est pas étonnant que les cercles sociaux soient si restreints. Comme celui du président Tyler, notre parti se détache de nous tous les jours et, finalement, il nous faut aller en *sulky*[1]. Pauvre cœur ! Emporte mélancoliquement cette vérité — il n'est point de coopération. Nous commençons par l'amitié, et toute notre jeunesse se passe à rechercher et recruter la sainte fraternité qu'elle formera pour le salut de l'homme. Mais les étoiles les plus lointaines semblent des nébuleuses ne formant qu'une lumière; cependant, il n'est point de groupe que le télescope ne parvienne à dissoudre; de même, les amis les plus chers sont séparés par d'infranchissables abîmes. La coopération est involontaire, et nous est imposée par le Génie de la Vie, qui se la réserve comme une part de ses prérogatives. Il nous est facile de parler; nous nous asseyons, méditons, et nous nous sentons sereins et complets; mais dès que nous rencontrons quelqu'un, chacun devient une fraction.

Bien que le fond de la tragédie et des romans soit l'union morale de deux personnes supérieures, dont la confiance mutuelle pendant de longues années, dans l'absence et la présence, et en dépit de toutes les apparences, se justifie à la fin en prouvant victorieusement sa fidélité devant les dieux et les hommes, source de joyeuses émotions, de larmes et de triomphe — bien que cette *union morale* existe pour les héros, cependant, eux aussi, sont aussi loin que jamais de l'union intellectuelle, et l'union morale n'a pour but que des choses comparativement basses et extérieures, comme la coopération d'une compagnie maritime ou d'une société de pompiers. Mais comme tous les gens que nous connaissons sont insulaires et pathétiquement seuls ! Et quand ils se

1. Voiture à une place (T.).

rencontrent dans la rue, ils n'osent dire ce qu'ils pensent l'un de l'autre. C'est à bon droit, en vérité, que nous reprochons aux hommes du monde leurs politesses superficielles et trompeuses !

Telle est la tragique nécessité que l'expérience rigoureuse découvre sous notre vie domestique et nos rapports de voisinage, nécessité qui, comme avec des fouets, pousse irrésistiblement chaque âme adulte au désert, et fait de nos tendres contrats quelque chose de sentimental et de momentané. Nous devons conclure que les fins de la pensée étaient péremptoires, puisqu'elles ont dû être assurées à un prix si ruineux. Elles sont plus profondes qu'on ne peut le dire, et relèvent de l'immense et de l'éternel. Elles descendent à cette profondeur d'où la société même surgit et où elle disparaît — où la question est : Qui a la priorité, l'homme ou les hommes? — où l'individu est absorbé en sa source.

Mais il n'est point de métaphysique qui puisse légitimer ou rendre tolérable cet exil parmi les rochers et les échos. C'est là un résultat si contraire à la nature, c'est une vue si incomplète, qu'il faut la corriger par le sens commun et l'expérience. « L'homme naît auprès de son père et y demeure. » L'homme a besoin du vêtement de la société, sinon on a l'impression de quelque chose de nu, de pauvre, d'un membre qui serait comme déplacé et dépouillé. Il doit être enveloppé d'arts et d'institutions, tout comme de vêtements corporels. De temps à autre, un homme de nature rare peut vivre seul, et doit le faire; mais enfermez la majorité des hommes, et vous les désagrégerez. « Le roi vivait et mangeait dans sa grand'salle avec les hommes, et comprenait les hommes, » dit Selden. Quand un jeune avocat dit à feu M. Mason : « Je reste dans mon cabinet pour étudier le droit. » — « Étudier le droit! » répliqua le vétéran, « c'est au Tribunal qu'il vous faut étudier le droit! » Et la règle est la même en littérature. Si vous voulez apprendre à écrire, c'est dans la rue qu'il faut le faire. En vue de l'expression, comme en vue de la fin des beaux-arts, vous devez fréquenter la place publique. La société, et non le collège, voilà le foyer de l'écrivain. Le scholar est un flambeau qu'allument l'amour et le désir de tous les hommes. Sa part et son revenu, ce ne sont jamais ses terres ou ses rentes, mais le pouvoir de charmer l'âme cachée qui se tient voilée derrière ce visage rosé, derrière ce visage viril. Ses productions sont aussi nécessaires que celle du boulanger ou du tisserand. Le monde ne peut se passer d'hommes cultivés. Dès que les premiers besoins sont satisfaits, les besoins supérieurs se font sentir impérieusement.

Il est difficile de nous magnétiser, de nous exciter nous-mêmes ; mais grâce à la sympathie, nous sommes capables d'énergie et d'endurance. Le sentiment de l'entente enflamme les gens d'une certaine ardeur d'exécution à laquelle ils atteindraient rarement s'ils étaient seuls. C'est là l'utilité réelle de la société : il est si facile avec les grands d'être grand, si facile de s'élever à la hauteur du modèle existant! — aussi facile que pour l'amoureux de nager vers sa fiancée à travers les vagues auparavant si effrayantes. Les bienfaits de l'affection sont immenses ; et l'événement qui ne perd jamais son charme, c'est la rencontre d'êtres supérieurs en des conditions qui permettent les plus heureux rapports.

De ce que les *soirées*[1] nous semblent fastidieuses, et que la *soirée* nous juge fastidieux, il ne s'ensuit nullement que nous ne soyons pas faits pour le monde. Un « backwoodsman[2] », qui avait été envoyé à l'Université, me disait que quand il avait entendu les jeunes gens les mieux élevés causer ensemble à l'École de Droit, il s'était regardé comme un rustre; mais que toutes les fois qu'il les avait pris à part et en avait eu un seul avec lui, c'était eux les rustres, et lui l'homme qui valait le mieux. Et rappelons-nous les heures rares où nous avons rencontré les meilleurs êtres : nous nous sommes alors trouvés nous-mêmes, et pour la première fois la société a semblé exister. C'était la société, bien que dans l'écoutille d'un brick, ou les îlots de la Floride.

Un homme de tempérament froid, nonchalant, pense qu'il n'a pas assez de faits à apporter à la conversation, et doit laisser passer son tour. Mais ceux qui causent n'en ont pas davantage — en ont moins. Ce qui sert, ce ne sont pas les expériences, mais la chaleur pour fondre les expériences de chacun. La chaleur vous fait pénétrer comme il convient en des quantités d'expériences. Le défaut capital des natures froides et arides, c'est le manque d'énergie vitale. Elle semble une puissance incroyable; c'est comme si Dieu ressuscitait les morts. Le solitaire regarde avec une sorte d'effroi ce que les autres accomplissent grâce à elle. C'est pour lui chose aussi impossible que les prouesses du Cœur-de-Lion, ou la

---

1. En français, dans le texte.
2. Habitant des parties non défrichées de l'Amérique du Nord (T.)

journée de travail d'un Irlandais sur la voie ferrée. On dit que le présent et l'avenir sont toujours des rivaux. L'énergie vitale constitue le pouvoir du présent, et ses hauts faits sont comme la structure d'une pyramide. Leur résultat, c'est un lord, un général, un joyeux compagnon. En face d'eux, comme la Mémoire avec son sac de cuir paraît un mendiant vulgaire ! Mais cette ardeur géniale se trouve en toutes les natures à l'état latent, et ne se dégage qu'au contact de la société. Bacon disait au sujet des manières : « Pour les acquérir, il suffit de ne pas les mépriser ; » de même, nous disons de cette force vitale qu'elle est le produit spontané de la santé et de l'habitude du monde. « Pour ce qui est de la tenue, les hommes se l'apprennent mutuellement, comme ils prennent la maladie les uns des autres. »

Mais les gens doivent être pris à très petites doses. Si la solitude est orgueilleuse, la société est vulgaire. Dans le monde, les capacités supérieures de l'individu sont considérées comme choses qui disqualifient. La sympathie nous abaisse aussi facilement qu'elle nous élève. Je connais tant d'hommes que la sympathie a dégradés, des hommes ayant des vues natives assez hautes, mais liés par des rapports trop affectueux aux personnes grossières qui les entouraient! Les hommes n'arrivent pas à s'unir par leurs mérites, mais s'ajustent les uns aux autres par leurs infériorités — par leur amour du bavardage, ou par simple tolérance ou bonté animale. Ils troublent et font fuir l'être qui a de hautes aspirations.

Le remède consiste à fortifier chacune de ces dispositions par l'autre. La conversation ne nous corrompra pas si nous venons dans le monde avec notre propre manière d'être et de parler, et l'énergie de la santé pour choisir ce qui est nôtre et rejeter ce qui ne l'est pas. La société nous est nécessaire ; mais que ce soit la société, et non le fait d'échanger des nouvelles, ou de manger au même plat. Être en société, est-ce s'asseoir sur une de vos chaises ? Je ne vais point chez mes parents les plus intimes, parce que je ne désire pas être seul. La société existe par affinités chimiques, et point autrement.

Réunissez des gens en leur laissant la liberté de causer, et ils se partageront rapidement d'eux-mêmes en bandes et en groupes de deux. On accuse les meilleurs d'être exclusifs. Il serait plus vrai de dire qu'ils se séparent comme l'huile de l'eau, comme les enfants des vieillards, sans qu'il n'y ait là ni amour ni haine, chacun cherchant son semblable ; et toute intervention dans les affinités produirait la contrainte et la suffocation. Chaque conversation est une expérience magnétique. Je sais que mon ami peut s'exprimer avec éloquence ; vous savez qu'il ne peut articuler une phrase : nous l'avons vu en des réunions différentes. Assortissez vos hôtes, ou n'invitez personne. Mettez en tête à tête Stubbs et Coleridge, Quintilien et Tante Miriam, et vous les rendrez tous malheureux. Ce sera immédiatement une geôle bâtie dans un salon. Laissez-les chercher leurs pareils, et ils seront aussi gais que des moineaux.

Une civilisation plus haute restaurera dans nos mœurs un certain respect que nous avons perdu. Que faire avec ces jeunes hommes effervescents qui se frayent un passage à travers toutes les barrières, et se comportent dans toutes les maisons comme s'ils étaient chez eux? Si mon compagnon n'a pas besoin de moi, je le découvre en un instant, et quand le bon accueil n'est plus, des cordes ne pourraient me retenir. On voudrait croire que les affinités s'affirment avec une réciprocité plus sûre.

Ici encore la Nature se plaît, comme elle le fait si souvent, à nous mettre entre des oppositions extrêmes, et notre salut est dans l'adresse avec laquelle nous suivons la diagonale. La solitude est impraticable, et la société fatale. Il nous faut tenir notre tête dans l'une, et nos mains dans l'autre. Nous y arriverons si, en gardant l'indépendance, nous ne perdons pas notre sympathie. Ces montures merveilleuses doivent être conduites par des mains délicates. Nous avons besoin d'une solitude telle qu'elle nous attache à ses révélations quand nous sommes dans la rue et les palais; car beaucoup d'hommes sont intimidés dans la société, et vous disent des choses justes en particulier, mais ne s'y tiennent pas en public. Toutefois ne soyons pas victimes des mots. Société et solitude, ce sont là des termes décevants. Ce qui importe, ce n'est pas le fait de voir plus ou moins de gens, mais la promptitude de la sympathie; une âme saine tirera ses principes de l'intuition, en une ascension toujours plus pure vers le bien suffisant et absolu, et acceptera la société comme le milieu naturel où ils doivent s'appliquer.

LA CIVILISATION

LA CIVILISATION

Un certain degré de progrès depuis l'état le plus grossier où l'on trouve l'homme — l'état de celui qui habite dans les cavernes ou sur les arbres, comme le singe; l'état du cannibale, du mangeur de limaçons écrasés, de vers et de détritus — un certain degré de progrès au-dessus de ce point extrême s'appelle la Civilisation. C'est un mot vague, complexe, comprenant bien des degrés. Personne n'a essayé de le définir. M. Guizot, écrivant un livre sur la question, ne le fait pas. La civilisation implique le développement d'un homme hautement constitué, amené à une délicatesse supérieure de sentiments, ainsi qu'à la puissance pratique, à la religion, à la liberté, au sens de l'honneur, et au goût. Dans notre embarras à définir en quoi elle consiste, nous le suggérons d'ordinaire par des négations. Un peuple qui ignore les vêtements, le fer, l'alphabet, le mariage, les arts de la paix, la pensée abstraite, nous l'appelons barbare. Et quand il a trouvé ou importé nombre d'inventions, comme l'ont fait les Turcs et les Mores, il y a souvent quelque complaisance à l'appeler civilisé.

Chaque nation se développe d'après son génie, et a

une civilisation qui lui est propre. Les Chinois et les Japonais, bien qu'achevés chacun en leur genre, diffèrent de l'homme de Madrid ou de l'homme de New-York. Le terme implique un progrès mystérieux. Il n'en est point chez les brutes ; et dans l'humanité moderne, les tribus sauvages s'éteignent graduellement plutôt qu'elles ne se civilisent. Les Indiens de ce pays n'ont pas appris les travaux de la race blanche, et en Afrique le nègre d'aujourd'hui est le nègre du temps d'Hérodote. Chez d'autres races, la croissance ne s'arrête pas ; mais le progrès que fait un jeune garçon « quand ses canines commencent à percer », comme nous disons — quand les illusions de l'enfance s'évanouissent journellement, et qu'il voit les choses d'une manière réelle et compréhensive — les tribus le font aussi. Il consiste à apprendre le secret de la force qui s'accumule, le secret de se dépasser soi-même. C'est chose qui implique la facilité d'association, le pouvoir de comparer, le renoncement aux idées fixes. Pressé de se départir de ses habitudes et traditions, l'Indien se sent mélancolique, et comme perdu. Il est subjugé par le regard de l'homme blanc, et ses yeux fuient. La cause de l'un de ces élans de croissance est toujours quelque nouveauté qui étonne l'esprit, et le pousse à oser changer. Ainsi à l'origine de tout perfectionnement, il y a un Cadmus, un Pytheus, un Manco Capac — quelque étranger supérieur qui introduit de nouvelles inventions merveilleuses, et les enseigne. Naturellement, il ne doit pas savoir trop de choses, mais doit avoir les sentiments, le langage et les dieux de ceux qu'il veut instruire. Mais c'est surtout le rivage de la mer qui a été le point de départ du savoir, comme du commerce. Les peuples les plus avancés sont toujours ceux qui naviguent le plus. La force que la mer exige du marin en fait rapidement un homme, et le changement de pays et de peuple affranchit son esprit de bien des sottises de clocher.

Où commencer et finir la liste de ces hauts faits de la liberté et de l'esprit, dont chacun marque une époque de l'histoire? Ainsi, l'influence d'une maison de bois ou de pierre sur la tranquillité, la force et l'affinement du constructeur est immense. L'homme vivant dans une caverne ou un camp, le nomade, meurt sans plus de propriété que n'en laisse le cheval ou le loup. Mais un travail aussi simple que la construction d'une maison une fois achevé, ses principaux ennemis sont tenus en respect. Il est à l'abri des dents des animaux sauvages, de la gelée, des coups de soleil, et des intempéries; et les facultés supérieures commencent à donner leur moisson. Les idées et les arts naissent, ainsi que les bonnes manières, la beauté sociale, la joie. C'est chose merveilleuse de voir comme le piano s'introduit rapidement dans une cabane à la limite du désert. Vous croiriez qu'on l'a trouvé sous un sapin. Avec lui vient la grammaire latine — et voici qu'un de ces jeunes garçons à cheveux de filasse compose une hymne sur le Dimanche. Maintenant que les Collèges, que les Sénats soient attentifs! car voici un être qui, en développant ses goûts supérieurs sur le fonds de la constitution de fer du pionnier, recueillera tous leurs lauriers en ses mains puissantes.

Quand en élargissant, nivelant le sentier de l'Indien et en y construisant des ponts, on en a fait une bonne route, il devient un bienfaiteur, un pacificateur, un porteur de richesses, un créateur de débouchés, un chemin pour le commerce. Un autre progrès dans la voie de la civilisation est le passage de la guerre, de la chasse, et de l'état pastoral à l'agriculture. Pour traduire leur sentiment de l'importance de ce progrès, nos ancêtres scandinaves nous ont laissé une légende significative. « Il était une fois une géante qui avait une fille, et l'enfant vit un cultivateur labourant un champ. Alors elle courut, le prit entre l'index et le pouce, le mit avec sa charrue et ses bœufs dans son tablier, et le porta à sa mère en disant : « Mère, qu'est-ce que cette espèce d'escarbot que j'ai trouvé remuant dans le sable ? » Mais la mère répondit : « Laisse-le mon enfant ; il nous faut partir du pays, car ces gens l'habiteront. » Un autre progrès est l'institution des postes avec sa force éducatrice accrue par le bon marché, et protégée dans le monde par une sorte de sentiment religieux ; de sorte que je considère la vertu d'un pain à cacheter, d'une goutte de cire ou de gomme qui garde une lettre pendant qu'elle vole par delà les mers et les terres et arrive à son adresse comme si un bataillon d'artillerie l'apportait, comme un excellent critérium de la civilisation.

La division du travail, la multiplication des arts de la paix, qui n'est pas autre chose qu'une large opportunité accordée à chaque homme de choisir ses occupations selon ses aptitudes — de vivre de ce qu'il fait le mieux — remplit l'État de travailleurs heureux et utiles ; et ceux-ci, créant la demande par l'offre tentante de leurs produits, sont récompensés rapidement et sûrement par une vente fructueuse : et quelle police, quels dix commandements devient ainsi leur travail ! Bien vraie est la remarque du Dr Johnson, à savoir que « les hommes sont rarement plus innocemment occupés que quand ils gagnent de l'argent ».

Les premières mesures du Gouvernement civil, bien qu'elles suivent ordinairement les directions naturelles, telles que les tendances du langage, de la race, de la religion, et de la contrée, exigent toutefois chez les gouvernants la sagesse et l'esprit de conduite, et leurs résultats enchantent l'imagination. « Nous voyons des multitudes indomptables obéir, en dépit des passions les plus fortes, à la coercition d'un pouvoir qu'elles perçoivent à peine, et les crimes de l'individu signalés et punis à l'autre extrémité du monde[1]. »

La situation que les femmes occupent dans la communauté est un autre critérium de la civilisation. La pauvreté et le travail, avec un esprit droit, lisent très aisément les lois de l'humanité, et les aiment : créez entre les sexes de justes relations de respect mutuel, et une moralité sévère donnera à la femme ce charme essentiel qui développe tout ce qui est délicat, poétique, porté à l'esprit de sacrifice, qui fait naître la politesse et le savoir, la conversation et l'esprit, chez son rude compagnon; aussi pensé-je qu'une pierre de touche suffisante de la civilisation, c'est l'influence des femmes de bien.

Un autre critérium de la culture est la diffusion du savoir, débordant les barrières des castes et, grâce au bon marché de la presse, apportant dans le sac du marchand de journaux l'Université à la porte de

---

[1]. Dr Thomas Brown (*Note d'Emerson*).

l'homme pauvre. Des fragments de science, de pensée, de poésie, se trouvent dans la feuille la plus ordinaire, de sorte qu'en chaque maison on hésite à brûler un journal avant de l'avoir parcouru.

Avec les derniers perfectionnements de son équipement complet, le navire est un abrégé et un compendium des arts d'une nation — le navire gouverné par le compas et la carte, avec la longitude calculée d'après le chronomètre, et mû par la vapeur au milieu des vagues déchaînées, à des distances immenses du pays :

> Les battements de son grand cœur de fer
> Vont palpitant à travers les orages.

L'habitude ne saurait diminuer l'étonnement que fait naître cette domination de forces si prodigieuses, par une créature si faible. Je me rappelle avoir observé, en traversant l'océan, l'ingéniosité admirable grâce à laquelle la machine avait été amenée dans son travail continu à tirer de l'eau de mer deux cent galons d'eau potable à l'heure, suppléant ainsi à tous les besoins du navire.

L'ingéniosité qui pénètre les détails complexes, l'homme qui subvient à ses besoins, la cheminée qui absorbe sa propre fumée, la ferme produisant tout ce que l'on y consomme, la prison même forcée de se suffire et de fournir un revenu et, mieux encore, devenant une École de correction, une manufacture où l'on fait d'honnêtes gens des coquins, comme le steamer tirait de l'eau potable de l'eau salée — toutes ces choses sont des exemples de la tendance à combiner des antagonismes, à utiliser le mal, et c'est là la marque d'une haute civilisation.

La civilisation est le résultat d'une organisation singulièrement complexe. Chez le serpent, tous les membres sont engaînés ; pas de mains, pas de pieds, pas de nageoires, ni d'ailes. Chez l'oiseau et le quadrupède, les membres se délient, et commencent à agir. Chez l'homme, ils sont tous dégagés, et pleins d'activité joyeuse. Avec ce désemmaillotement, il reçoit l'illumination absolue que nous appelons la Raison, et par là même la vraie liberté.

Le climat entre pour beaucoup dans ce perfectionnement. La civilisation supérieure n'a jamais aimé les régions chaudes. Partout où il neige, on trouve d'ordinaire la liberté civile. Là où croissent les bananes, l'organisme animal, est indolent, développé aux dépens de qualités plus hautes : l'homme devient sensuel et cruel. Mais ce n'est pas là un rapport invariable. Une haute élévation de sentiment moral l'emporte sur les influences défavorables du climat, et quelques-uns de nos plus grands exemples d'hommes et de races viennent des régions équatoriales — tels les génies de l'Égypte, de l'Inde, et de l'Arabie.

Ces faits sont des critériums ou marques de la civilisation ; et le climat tempéré a une influence importante, bien qu'elle ne soit pas absolument indispensable, car le savoir, la philosophie, les arts, ont existé en Islande et aux tropiques. Mais il est une condition essentielle à l'éducation sociale de l'homme, à savoir la moralité. Il ne peut y avoir de civilisation avancée sans une moralité profonde, bien qu'on ne la désigne pas toujours sous ce nom, mais qu'on l'appelle parfois le point d'honneur, comme dans les institutions de la chevalerie ; ou le patriotisme, comme dans les républiques de Sparte et de Rome ;

ou l'enthousiasme, comme chez quelque secte religieuse qui impute ses vertus à ses dogmes; ou la cabale, ou *l'esprit de corps*[1], chez une association de francs-maçons ou d'amis.

L'évolution d'une société destinée à des fins supérieures doit être morale; elle doit suivre le sillon des roues célestes. Elle doit avoir des buts universels. Qu'est-ce qui est *moral*? C'est de respecter en agissant les fins catholiques ou universelles. Écoutez la définition que Kant donne de la conduite morale : « Agis toujours de telle sorte que le motif immédiat de ton vouloir puisse devenir une règle universelle pour tous les êtres intelligents. »

La civilisation dépend de la moralité. Tout ce qui est bon dans l'homme s'appuie sur quelque chose de supérieur. Cette loi s'applique aux petits faits comme aux grands. Ainsi, toute notre force et tous nos succès dans le travail manuel dépendent de l'aide que nous empruntons aux éléments. Vous avez vu un charpentier sur une échelle, coupant des éclats de poutre avec une hache. Comme il est gauche! Quelle mauvaise situation pour travailler! Mais voyez-le à terre, disposant son bois au-dessous de lui. Maintenant, ce ne sont plus ses faibles muscles, mais les forces de la planète qui font retomber la hache; c'est-à-dire que la planète elle-même se charge de fendre son bois. Le fermier a à supporter beaucoup de mauvaise volonté, de paresse et de négligence de la part de ses scieurs de long; un jour, il s'avise d'installer sa scierie au bord d'une chute d'eau, et la rivière ne se fatigue jamais de tourner sa roue; la rivière est toujours de

---

[1]. En français, dans le texte.

bonne humeur et n'insinue jamais une objection.

Nous avions des lettres à envoyer : les courriers ne pouvaient aller ni assez vite, ni assez loin ; ils brisaient leurs voitures, surmenaient leur chevaux, avaient à lutter contre les mauvaises routes au printemps, la neige en hiver, les chaleurs en été ; ils ne pouvaient les faire trotter. Mais nous avons découvert que l'air et la terre étaient remplis d'électricité, et d'une électricité qui suivait toujours notre chemin — précisément le chemin par lequel nous avions à faire des envois. *L'électricité voudrait-elle porter notre message ?* Aussi volontiers que si ce n'était rien ; elle n'avait pas autre chose à faire ; elle le porterait en moins d'une seconde. Seulement un doute surgit, une objection capitale — elle n'avait pas de sac, pas de poche visible, pas de mains, pas même une bouche pour porter une lettre. Mais, après maintes réflexions et expériences, nous sommes parvenus à trouver le moyen, à plier la lettre en une missive si serrée et si invisible qu'elle puisse la porter en ces poches invisibles que n'ont faites ni l'aiguille, ni le fil — et la lettre est partie comme par enchantement.

J'admire encore plus que l'invention de la scierie l'ingéniosité qui, sur le rivage de l'océan, a amené le flux et le reflux à mouvoir les roues et à broyer le grain, empruntant ainsi l'aide de la lune, comme d'un serviteur à gages, pour moudre, tourner, pomper, scier, fendre des pierres, et rouler du fer.

Qu'il s'agisse de n'importe quel labeur, la sagesse de l'homme consiste à attacher son char à une étoile, et à voir ce labeur fait par les dieux mêmes. Le moyen d'être fort, c'est d'emprunter la puissance des éléments. La force de la vapeur, de la pesanteur, du galvanisme, de la lumière, des aimants, du vent, du feu, nous sert jour après jour, et ne nous coûte rien.

Notre astronomie est pleine d'exemples de recours à ces auxiliaires. Ainsi, sur une planète aussi petite que la nôtre, le besoin d'une base adéquate pour les calculs astronomiques, afin de découvrir, par exemple, la parallaxe d'une étoile, s'est fait sentir de bonne heure. Mais ayant fixé par l'observation la place d'une étoile, grâce à un procédé aussi simple qu'une attente de six mois et une répétition de l'observation, l'astronome à trouvé le moyen de mettre le diamètre de l'orbite de la terre, disons deux cents millions de kilomètres, entre sa première observation et la seconde, et cette ligne lui a donné une base suffisante pour son triangle.

Toutes nos inventions visent à nous assurer ces avantages. Nous ne pouvons amener à nous les agents célestes ; mais si nous voulons seulement choisir notre tâche dans les directions où ils voyagent, ils l'entreprendront avec le plus grand plaisir. C'est pour eux une règle absolue *de ne jamais sortir de leur route*. Nous sommes de petits touche-à-tout remuants, et courons de-ci, de-là, ultra serviables ; mais ils ne s'écartent jamais de leurs voies préordonnées — ni le soleil, ni la lune, ni une bulle d'air, ni un atome de poussière.

Nos travaux manuels empruntent la force des éléments ; de même notre action politique et sociale s'appuie sur des principes. Pour accomplir quoi que ce soit d'excellent, le vouloir doit travailler en vue de fins larges et universelles. Faible créature, murée de toutes parts, comme l'écrivait Daniel,

A moins de s'élever au-dessus de lui-même,
Que l'homme est une pauvre chose!

Mais quand il s'appuie sur un principe, quand il est le véhicule des idées, il emprunte leur omnipotence : Gibraltar peut être fort, mais les idées sont imprenables et confèrent au héros leur nature invincible. « La grande leçon », disait un saint durant la guerre de Cromwell, « c'est que les meilleurs courages ne sont que des inspirations du Tout-Puissant. » Attachez votre char à une étoile. Ne nous épuisons pas en de pauvres besognes qui ne servent qu'à notre table et à notre bourse. Ne dissimulons pas et ne dérobons pas. Aucun dieu ne nous aidera. Nous trouverons tous leurs coursiers allant en une autre direction — le Chariot, la Grande-Ourse, le Lion, Hercule : chaque dieu nous abandonnera. Travaillez plutôt pour ces choses que les divinités honorent et favorisent — la justice, l'amour, le savoir, l'utilité commune.

Si nous pouvons aller ainsi en des Chars olympiens en orientant nos travaux dans la voie des circuits célestes, nous pouvons également mettre la main sur les agents mauvais, les puissances de ténèbres, et les forcer en dépit de leur vouloir à servir les fins de la sagesse et de la vertu. Ainsi, un Gouvernement sage impose des taxes et des amendes sur les plaisirs vicieux. Quel service le Gouvernement américain, qui n'est pas encore soulagé de son extrême indigence, se rendrait à lui même et rendrait à chaque village et hameau des États-Unis, s'il consentait à taxer le whiskey et aller presque jusqu'à la prohibition! N'était-ce pas Bonaparte qui disait que les vices étaient d'excellents patriotes? — « il tira cinq millions de la passion de l'eau-de-vie, et aurait bien aimé savoir quelle est la vertu qui lui aurait rapporté autant. » Le tabac et l'opium ont de larges épaules, et s'il vous plaît de leur faire payer un haut prix pour les jouissances qu'ils donnent et le mal qu'ils font, ils porteront allégrement la charge des armées.

Ce sont là des traits caractéristiques, des mesures et des méthodes ; et le vrai critérium de la civilisation, ce n'est ni le cens,. ni l'étendue des villes, ni les récoltes, non, mais, l'espèce d'hommes que la contrée produit. Je vois les vastes avantages de ce pays, embrassant la largeur de la zone tempérée. Je vois l'immense prospérité matérielle — villes après villes, États après États, et la richesse accumulée dans les puissantes constructions des cités, le quartz des montagnes de Californie déchargé à New-York pour être réempilé le long du rivage du Canada à Cuba, et de là retourner de nouveau vers l'Ouest, en Californie. Mais ce ne sont pas les rues de New-York construites par le concours des ouvriers et la richesse de toutes les nations — bien que s'étendant vers Philadelphie jusqu'à la toucher, et au nord jusqu'à toucher New-Haven, Hartford, Springfield, Worcester et Boston — ce ne sont pas ces choses qui font la valeur réelle. Mais quand je regarde ces constellations de villes qui animent et représentent le pays, et vois combien peu le Gouvernement a à intervenir dans leur vie quotidienne, combien toutes les familles se maintiennent et se dirigent elles-mêmes — groupements d'hommes en sociétés absolument naturelles — sociétés créées par le commerce, la parenté, les habitudes hospitalières — quand je considère dans chaque demeure l'homme agissant sur l'homme par la puissance de l'opinion, la puissance d'une activité plus étendue ou mieux dirigée, l'influence affinante des femmes, les opportunités que l'expérience et des causes permanentes offrent à la jeunesse et au travail — quand je vois combien chaque personne vertueuse et bien douée, que tous respectent, vit affectueusement avec nombre d'excellentes gens dont la renommée ne s'étend pas au loin et qu'elle regarde peut-être avec raison comme ses supérieures par la vertu, l'harmonie et la force de leurs qualités, je vois quelles solides valeurs l'Amérique possède, et y trouve un critérium de la civilisation supérieur à celui que fournissent les grandes villes ou les richesses énormes.

A parler strictement, le perfectionnement capital réside dans le progrès moral et intellectuel. L'apparition de l'hébreu Moïse, de l'hindou Bouddha — en Grèce, celle des Sept Sages, du pénétrant et intègre Socrate et du stoïcien Zénon — en Judée, la venue de Jésus — et dans la Chrétienté moderne, de ces hommes vivant leurs idées que furent Huss, Savonarole, et Luther — sont des causes qui entraînent les races à des convictions nouvelles, et élèvent la norme de la vie. En présence de ces forces, il est frivole d'insister sur l'invention de l'imprimerie ou de la poudre à canon, de la vapeur ou de l'éclairage au gaz, des capsules et des souliers de caoutchouc, qui sont des jouets produits aux dépens de cette sécurité, de cette liberté, et de cette joie que crée dans la société une moralité supérieure. Ces inventions ajoutent à la vie privée et publique un certain confort et une certaine facilité; mais une moralité plus pure qui aiguillonne le génie, civilise la civilisation et rejette en arrière dans les choses profanes tout ce que nous tenions pour sacré, comme la flamme de l'huile jette une ombre quand elle est éclairée par la flamme de Bude. Les critériums populaires du progrès n'en seront toujours pas moins les inventions et les lois.

Mais s'il est un pays qui à aucun de ces points de vue ne puisse résister à l'examen — un pays où le savoir ne peut se répandre sans encourir le risque des lois de violence ou des décrets d'État — où la parole n'est pas libre — où la poste est violée, les sacs de correspondance ouverts, et les lettres passées au cabinet noir — où on désavoue hors de l'État les dettes publiques et privées — où l'on attaque la liberté dans l'institution primordiale de la vie sociale — où la position de la femme nègre porte injurieusement atteinte à la position de la femme blanche — où les arts sont tous importés, sans vie indigène — où le salaire que le travailleur a gagné de ses propres mains ne lui est pas assuré — où le vote n'est ni libre ni équitable — à tous ces points de vue le pays n'est pas civilisé, mais barbare; et il n'est pas d'avantages venant du sol, du climat ou du système côtier qui puissent résister à ces dommages homicides.

La moralité et tous les corollaires de la moralité, tels que la justice pour tous les citoyens et la liberté personnelle, sont choses essentielles. Montesquieu dit : « Les pays sont bien cultivés non dans la mesure où ils sont fertiles, mais où ils sont libres; » et l'observation n'est pas moins vraie, mais plus encore, si au lieu de la culture des terres, il s'agit de la culture des hommes. Que toute l'activité publique de l'État s'applique à assurer le plus grand bien au plus grand nombre, voilà la plus haute marque de la civilisation.

L'ART

L'ART

Toutes les formes de la vie — Commerce, Politique, Lettres, Science, ou Religion — semblent de nos jours avoir conscience de l'identité de leur principe, et s'efforcer de l'exprimer. Ce sont les rayons d'un même soleil ; chacune traduit en une langue nouvelle la signification de l'autre. Elles sont sublimes quand on les envisage comme les émanations d'une Nécessité qui s'oppose au vulgaire Destin en ce qu'elle est spontanée, vivante, et dissout l'homme, aussi bien que ses œuvres, en son flot bienfaisant. Cette influence est visiblement manifeste dans les principes et l'histoire de l'Art.

Mis d'un côté par la pensée et l'instinct en relations primordiales avec la vérité absolue, l'esprit humain, en vertu d'une nécessité égale, tend d'un autre côté à manifester et à incarner sa pensée, modifiée et diminuée par la corruption et l'erreur qui, d'après toute notre expérience, faussent l'individualité à travers laquelle elle passe. Non seulement l'enfant souffre, mais il crie ; non seulement il a faim, mais il mange. Non seulement l'homme pense, mais il parle et agit. Toute idée qui s'élève dans l'esprit vise en s'élevant à passer de la pensée à l'acte, exactement comme la plante, au moment de la germination, lutte pour monter à la lumière. L'idée est la semence de l'acte ; mais l'acte en est tout autant la seconde forme que l'idée en est la première. Elle monte dans l'entendement, afin d'être exprimée et réalisée. Plus la pensée est profonde, plus elle est opprimante. Toujours en proportion de la profondeur de sa signification, elle frappe importunément au seuil de l'âme, afin de s'exprimer, de s'accomplir. Ce qui est à l'intérieur veut passer à l'extérieur. L'idée lutte pour naître. La parole est une grande joie, l'action une grande joie ; on ne saurait les retenir.

L'expression de la pensée et de l'émotion par la parole et l'acte peut être consciente ou inconsciente. L'enfant qui tette est un acteur inconscient. Dans l'extase, la colère ou la peur, l'homme est un acteur inconscient. Une grande partie de nos actions habituelles sont faites inconsciemment, et la plupart de nos paroles nécessaires sont inconsciemment dites.

L'expression consciente de la pensée, par le discours ou l'acte, en vue d'une fin quelconque, constitue l'Art. Depuis le premier babil imitatif de l'enfant jusqu'aux victoires de l'éloquence, depuis son premier jeu de construction ou son pont fait de morceaux de bois, à la maçonnerie du phare du Rock de Minot ou au chemin de fer du Pacifique, depuis le tatouage de Owhyhees aux galeries du Vatican, depuis le plus simple expédient de prudence individuelle jusqu'à la Constitution américaine, de ses premières œuvres aux dernières, l'Art est un emploi et une combinaison de choses que l'esprit fait volontairement pour atteindre ses fins. Le Vouloir en fait une action spirituelle. Relativement à eux-mêmes, l'abeille, l'oiseau, le castor, n'ont pas d'arts, car ce qu'ils font, ils le font instinctivement. Mais relativement à l'Être suprême, ils en ont. Et il en est de même de toute action inconsciente : relativement à l'agent, c'est l'instinct; relativement à la cause première, c'est l'Art. En ce sens, reconnaissant l'Esprit qui instruit la Nature, Platon a dit avec raison : « Ces choses que l'on dit faites par la Nature, le sont en réalité par l'Art divin. » L'Art est universellement l'esprit créateur. Aristote l'a défini : « Le principe de la chose, sans la matière. »

Si nous nous conformons à la division populaire des œuvres selon leurs fins, nous dirons que, dans ses créations, l'Esprit vise à l'utilité ou à la beauté, et que par conséquent l'Art se divise en arts utiles et en beaux-arts.

Les arts utiles ne comprennent pas seulement ceux qui se rapprochent de l'instinct, comme l'agriculture, l'art de construire, le tissage, etc., mais aussi la navigation, la chimie pratique, l'élaboration de tous ces instruments et moyens grands et délicats dont l'homme s'aide lui-même, comme le langage, les montres, les vaisseaux, le système décimal; et aussi les sciences, dans la mesure où elles peuvent servir à l'économie politique.

Quand nous réfléchissons au plaisir que nous donnent un vaisseau, un chemin de fer, un bassin d'échouage, ou un tableau, une représentation dramatique, une statue, un poème, nous trouvons que l'origine n'en est pas entièrement simple, mais complexe. Nous trouvons que la question : « Qu'est-ce que l'Art? » nous conduit directement à une autre :

« Qui est l'artiste? » et la solution de celle-ci est la clé de l'histoire de l'Art.

Je me hâte de formuler le principe qui, au milieu de moyens différents, impose sa loi constante aux arts utiles et aux beaux-arts. La loi est la suivante : le seul créateur de l'utile et du beau, c'est l'esprit universel; pour faire quelque chose de beau et d'utile, l'individu doit donc se soumettre à l'Universel.

En premier lieu, examinons ce principe dans ses rapports avec les arts utiles. Ici, l'agent omnipotent est la Nature; tous les actes humains suivent son orbe en satellites. La Nature représente l'esprit universel, et la loi devient celle-ci : l'Art doit être un complément de la Nature, en être étroitement tributaire. On a dit, en faisant allusion aux grandes constructions des anciens Romains — les ponts et les aqueducs — que leur Art, c'était la Nature travaillant en vue de fins municipales. C'est là une fidèle explication de toutes les véritables œuvres d'art utiles. Smeaton a construit le phare d'Eddystone sur le modèle d'un chêne, car c'est dans la nature la forme la mieux conçue pour résister à une force constamment à l'assaut. Dollond a fait son télescope achromatique sur le modèle de l'œil humain. Duhamel a bâti un pont en introduisant une charpente de bois plus forte au milieu de la surface inférieure, idée qui lui fut suggérée par la structure du tibia.

La première et la dernière leçon des arts utiles, c'est que la Nature exerce sur nos œuvres son pouvoir tyrannique. Elles doivent être conformes à ses lois, sinon son activité omniprésente les réduira en poussière. Rien de bizarre, rien de fantaisiste ne saurait subsister. La Nature intervient constamment dans l'art. Vous ne pouvez construire votre maison ou votre pagode comme vous le voulez, mais comme il le faut. Une limite s'impose rapidement à votre caprice. La tour penchante ne peut pencher que jusqu'à un certain degré. La véranda ou le toit de la pagode ne peuvent s'incurver en remontant que jusqu'à un certain point. La pente de votre toit est déterminée par le poids de la neige. La liberté de l'architecte ne peut s'exercer qu'en d'étroites limites; la pesanteur, le vent, le soleil, la pluie, la taille des hommes et des animaux, et autres choses semblables, ont plus à dire que lui. C'est la loi des fluides qui prescrit la forme du navire — de la quille, du gouvernail, de la proue — et, dans le fluide plus léger au-dessus, la forme et la disposition des voiles. En ce qui concerne ses instruments, l'homme semble n'avoir pas à choisir, mais à se soumettre simplement à la nécessité d'apprendre de la Nature ce qui convient le mieux, comme s'il ajustait une vis ou une porte. Sous l'empire d'une nécessité toute-puissante, ce qui est artificiel dans la vie des hommes paraît insignifiant. Ils semblent recevoir si exactement leur tâche des indications de la Nature, que leurs œuvres deviennent comme les siennes, et ils ne sont plus libres.

Mais si nous travaillons en cette limite, elle nous concède toute son énergie. Toute action puissante s'accomplit en amenant les forces de la nature à s'exercer sur les choses que nous avons en vue. Nous ne broyons pas le grain, nous ne faisons pas aller le métier par notre propre force, mais nous construisons une fabrique dans une situation telle que le vent du nord, ou la force élastique de la vapeur, ou le flux et le reflux de la mer s'exercent sur nos appareils. De même dans nos travaux manuels, nous faisons peu de choses par la force musculaire ; mais nous nous plaçons de manière à ce que la force de gravité, c'est-à-dire le poids de la planète, porte sur la bêche ou la hache que nous manions. En un mot, dans toutes nos œuvres, nous ne cherchons pas à user de notre propre force, mais à amener une force infinie à agir.

Envisageons maintenant cette loi en tant qu'elle touche aux œuvres qui ont pour fin la beauté, c'est-à-dire les productions des Beaux-Arts. Ici encore, le fait prédominant est la subordination de l'homme. Son talent est la moindre partie de l'œuvre d'art. Il faut retrancher beaucoup avant de connaître la mesure dans laquelle il y contribue personnellement.

Musique, éloquence, poésie, peinture, sculpture, architecture, telle est l'énumération sommaire des Beaux-Arts. J'omets la rhétorique, qui n'a trait qu'à la forme de l'éloquence et de la poésie. L'architecture et l'éloquence sont des arts mixtes, dont la fin est tantôt le beau, tantôt l'utile.

On verra qu'en chacun de ces arts, il entre nombre d'éléments qui ne sont pas spirituels. Chacun a une base matérielle, et en chacun l'intelligence créatrice est paralysée en une certaine mesure par les matériaux sur lesquels elle travaille. La base de la poésie, c'est le langage, qui n'est matériel que d'un côté. C'est un demi-dieu. Mais appliqué tout d'abord aux communes nécessités des hommes, il n'est pas créé à nouveau par le poète en vue de ses propres fins.

La base de la musique, ce sont les propriétés de

l'air et les vibrations des corps sonores. La vibration d'une corde tendue ou d'un fil d'archal donne à l'oreille le plaisir d'un son agréable, avant même que le musicien ait augmenté ce plaisir par des accords et des combinaisons.

L'éloquence, dans la mesure où elle fait partie des Beaux-Arts, se modifie en raison de la constitution de l'orateur, du ton de la voix, de la force physique, du jeu des regards et de l'attitude. Tout cela est à retrancher du plaisir purement spirituel — à retrancher du mérite de l'Art — et appartient à la Nature.

En peinture, les couleurs brillantes stimulent le regard, avant d'être combinées de manière à représenter un paysage. Dans la sculpture et l'architecture, les matériaux, comme le marbre ou le granit, et en architecture la masse, sont des sources de grands plaisirs, tout à fait indépendants de l'arrangement artificiel. L'art réside dans le modèle, dans le plan ; car c'est là que se dépense le génie de l'artiste, non sur la statue ou le temple. Autant la statue polie de marbre éblouissant est supérieure au modèle d'argile, autant l'impression que font la cathédrale de granit ou la pyramide est plus grande que celle de leur plan ou de leur coupe verticale, autant la beauté qu'ils doivent à la Nature dépasse celle qu'ils doivent à l'Art.

Il y a encore plus à retrancher du génie de l'artiste en faveur de la Nature, que je ne l'ai indiqué jusqu'ici.

Une confusion de sons musicaux produits par une flûte ou une viole, confusion où l'on exécute le rythme de l'air sans qu'aucune des notes soit juste, donne du plaisir à l'oreille non exercée. Une grossière reproduction de la forme humaine sur la toile ou avec de la cire — un grossier dessin en couleur représentant un paysage, où l'on n'a visé qu'à l'imitation — toutes ces choses donnent à l'œil inexercé, à l'être sans culture, qui ne demande pas de délicates jouissances spirituelles, presque autant de plaisir qu'une statue de Canova ou un tableau du Titien.

Et dans la statue de Canova ou la peinture du Titien, ces choses donnent une grande partie du plaisir; elles sont la base sur laquelle l'esprit délicat édifie des joies supérieures, mais auxquelles elles sont indispensables.

Un autre élément à retrancher du génie de l'artiste, c'est ce qui dans son travail relève de la convention, élément qui entre pour beaucoup en toute œuvre d'art. Ainsi dans chaque bâtiment particulier, chaque statue, chaque mélodie, chaque tableau, poème ou harangue, que de choses ne sont pas originales! — tout ce qui est national ou usuel, par exemple, l'usage de construire toutes les Eglises romaines en forme de croix, la distribution prescrite des différentes parties du théâtre, l'habitude de draper les statues dans le costume classique. Cependant, qui pourrait nier que l'élément purement conventionnel de l'œuvre ne contribue beaucoup à son effet?

Une dernière considération épuisera, ce me semble, la liste des éléments à retrancher du génie de l'artiste en une œuvre quelconque. C'est l'élément extrinsèque. Ainsi le plaisir que nous donne un noble temple n'est dû qu'en partie au temple. Il est magnifié par la beauté de la lumière, du soleil, le jeu des images, le paysage qui l'entoure, le groupe qu'il forme avec les maisons, les arbres, les tours du voisinage. Le plaisir de l'éloquence est souvent dû en grande partie au stimulant des circonstances qui l'ont fait naître — à ce pouvoir magique de la sympathie, qui exalte les sentiments de l'individu en faisant rayonner sur chacun les sentiments de tous.

Comme l'influence de la musique vient de l'endroit — par exemple, de l'église, de la promenade au clair de lune; ou bien encore de la société; ou, si c'est au théâtre, de ce qui précédait dans la pièce, ou de l'attente de ce qui viendra après!

Dans la poésie, « c'est la tradition plus que l'invention qui aide le poète en sa fiction heureuse ». Le caractère accidentel de la beauté de la poésie peut se sentir dans ce fait qu'un vers donne plus de plaisir en une citation bien choisie que dans le poème lui-même.

Une preuve curieuse de notre conviction que l'artiste ne se sent pas le créateur de son œuvre, et est aussi surpris de son influence que nous le sommes nous-mêmes, c'est notre mauvais vouloir marqué à attribuer à l'auteur d'une œuvre d'art notre meilleure interprétation. Le plus haut éloge que nous puissions faire d'un écrivain, d'un peintre, d'un sculpteur, d'un constructeur, c'est de dire qu'il avait réellement en lui la pensée ou le sentiment avec lesquels il nous a inspirés. Nous hésitons à faire à Spencer un honneur aussi grand que celui de croire qu'il donnait à son allégorie le sens que nous y attachons. Nous accordons à contre-cœur à Homère la vaste expérience humaine que ses commentateurs lui attribuent. Shakespeare lui-même, de qui nous pouvons tout croire, nous paraît redevable à Gœthe et à Coleridge de la sagesse qu'ils découvrent dans son Hamlet et son Antoine. Et c'est surtout quand il s'agit de génies contemporains que nous éprouvons ce manque de foi. Nous craignons qu'Allston et Greenough n'aient ni prévu ni voulu tout l'effet qu'ils nous produisent.

Nos arts sont des coups heureux. Nous sommes comme le musicien jouant sur un lac, et dont la mélodie a plus de charme qu'il ne l'imagine, ou comme le voyageur surpris par l'écho de la montagne, qui lui renvoie ses propos ordinaires en retentissements poétiques.

En présence de ces faits, je dis que dans toutes les œuvres, même celles des Beaux-Arts, le pouvoir de la Nature l'emporte sur la volonté humaine en tout ce qui concerne les circonstances matérielles et extérieures. La Nature peint la meilleure partie du tableau, sculpte la meilleure partie de la statue, bâtit la meilleure partie de la maison, et prononce la meilleure partie du discours. Car tous les avantages que j'ai mentionnés sont de ceux que l'artiste ne peut produire consciemment. Il s'est appuyé sur eux, il s'est mis en mesure d'être aidé par quelques-uns d'entre eux; mais il a vu que ses plantations et arrosages attendaient le soleil de la Nature, ou seraient inutiles.

Procédons à l'examen de la loi formulée au début de cet Essai, en ce qui regarde la partie purement spirituelle de l'œuvre d'art.

Dans les arts utiles, et dans la mesure où ils sont utiles, les œuvres doivent se subordonner rigoureusement aux lois de la Nature, de manière à en devenir comme le prolongement, et à n'en être à aucun égard la contradiction; de même, dans les arts qui visent à la beauté, toutes les parties doivent être subordonnées à la Nature idéale, et tout ce qui est individuel doit être exclu, de sorte que l'œuvre soit la production de l'Esprit universel.

L'artiste qui veut produire un ouvrage digne d'être admiré non des amis, des compatriotes ou des contemporains, mais de tous les hommes, et qui paraisse d'autant plus beau aux yeux qu'ils ont plus de culture, doit se dépersonnaliser, n'être l'homme d'aucun parti, d'aucune mode, d'aucune époque, mais celui à travers lequel circule l'âme de tous, comme l'air dans les poumons. Il doit travailler dans l'esprit où nous croyons que le prophète parle, ou que l'ange du Seigneur agit, c'est-à-dire ne pas exprimer ses propres paroles, faire ses propres œuvres, penser ses propres idées, mais être l'organe par où agit l'esprit universel.

En parlant des arts utiles, j'ai fait remarquer que quand il s'agit de bêcher, de moudre ou de tailler avec la hache, nous ne le faisons pas en nous servant de notre énergie musculaire, mais en amenant la gravité de la planète à s'exercer sur la bêche, la hache, ou la barre. Dans les beaux-arts, les procédés de notre travail intellectuel sont exactement analogues. Nous visons à empêcher notre individualité d'agir. Dans la mesure où nous pouvons rejeter notre égoïsme, nos préjugés, notre volonté, et amener sur le sujet que nous avons en vue l'omniscience de la raison, l'ouvrage se rapproche de la perfection. Les merveilles de Shakespeare sont des choses qu'il a vues tandis qu'il se tenait à l'écart, et qu'il est revenu écrire ensuite. Le but du poète, c'est de recueillir des observations sans but, de soumettre à la pensée des choses vues sans pensée (du moins, sans pensée volontaire).

En matière d'éloquence, les grands triomphes se produisent quand l'orateur est élevé au-dessus de lui-même, quand il consent à n'être que l'organe du moment et des circonstances, et dit ce qui ne peut qu'être dit. De là le mot *abandon*, par où l'on désigne le renoncement de l'orateur à soi-même. Ce n'est pas sa volonté, mais le principe qui le mène, la grande conjoncture et la crise des événements, qui tonnent à l'oreille des foules.

Dans la poésie où tout est libre, chaque mot est nécessaire. La grande poésie ne pouvait être écrite autrement qu'elle ne l'est. La première fois que vous l'entendez, il vous semble que c'est la copie de quelque invisible tablette de l'Esprit éternel, plutôt que la composition arbitraire de l'auteur. Il a trouvé les vers, il ne les a pas faits. La Muse les lui a apportés.

En sculpture, qui a jamais appelé l'*Apollon* une composition de fantaisie, ou dit du *Laocoon* qu'il aurait pu être exécuté d'une autre manière? Un chef-d'œuvre de l'art a pour l'esprit une place fixe dans la chaîne des êtres, tout autant que la plante ou le cristal.

Tous les discours des hommes à ce sujet, et en particulier ceux des artistes, montrent que l'on croit que, en proportion de son excellence, l'œuvre d'art participe à la précision du Destin; rien n'y est laissé au choix, rien au jeu ou à la fantaisie; car dans le moment, ou les moments successifs, où la forme a été entrevue, les paupières de fer de la Raison, ordinairement lourdes de sommeil, se sont ouvertes.

L'esprit de l'individu est devenu en cet instant le canal de l'esprit de l'humanité.

Il n'y a qu'une Raison. L'esprit qui a fait le monde n'est pas un esprit, mais *l'*esprit. Tout homme est un canal de ce même esprit, et de tout cet esprit. Et chaque œuvre d'art en est une manifestation plus ou moins pure. Aussi arrivons-nous à cette conclusion, que j'offre comme une confirmation de l'ensemble de ces vues : le plaisir que donne une œuvre d'art semble venir du fait de reconnaître en elle l'esprit qui a formé la Nature, agissant à nouveau.

L'œuvre d'art diffère des œuvres de la Nature en ce que celles-ci se reproduisent d'une manière organique. L'œuvre d'art ne le fait pas; mais au point de vue spirituel, elle se multiplie par son action puissante sur l'intelligence des hommes.

Il s'ensuit que l'étude des œuvres admirables de l'Art aiguise notre perception de la beauté de la Nature; qu'à travers les merveilles de l'une et de l'autre règne une certaine analogie, et que la contemplation d'une grande œuvre d'art nous amène à un état d'esprit que l'on peut appeler religieux. Elle appelle tous les sentiments supérieurs.

Procédant de l'Esprit absolu, dont l'essence est le bien tout autant que le vrai, les grandes œuvres sont toujours en accord avec la nature morale. Si le spectacle de la terre et de la mer s'harmonise avec la vertu plutôt qu'avec le vice — il en est de même des chefs-d'œuvre de l'art. Les galeries de sculpture antique à Naples et à Rome ne laissent pas d'impression plus profonde dans l'esprit que le contraste entre la pureté, l'austérité qu'expriment ces nobles têtes anciennes, et la frivolité, la grossièreté de la populace qui les exhibe et de la populace qui les regarde. C'est là l'attitude du premier né, la figure de l'homme à l'aurore du monde. Aucune trace de laisser aller, de volupté, de vulgarité ne se voit en ces nobles traits, et ils vous frappent, par un avertissement moral, ne parlant de rien de ce qui est autour de vous, mais vous rappelant les pensées profondes et les plus pures résolutions de votre jeunesse.

C'est là que se trouve l'explication des analogies qui existent entre tous les arts. Ils sont la réapparition d'un esprit unique, travaillant sur nombre de matériaux en vue de nombre de fins temporaires. Raphaël peint la sagesse; Händel la chante, Phidias la sculpte, Shakespeare l'écrit, Wren la construit, Colomb la met à la voile, Luther la prêche, Washington l'arme, et Watt l'applique à la mécanique. La peinture a été appelée une « poésie silencieuse », et la poésie « une peinture parlante ». Les principes de chacun des arts peuvent se transposer en tous les autres.

Nous avons ici l'explication de la nécessité qui règne dans tout le royaume de l'Art.

Provenant de l'éternelle Raison, une et parfaite, tout ce qui est beau repose sur le fondement de la nécessité. Rien n'est isolé, rien n'est arbitraire dans le beau. Il dépend à jamais du nécessaire et de l'utile. La richesse des couleurs du plumage de l'oiseau, le phénomène de mimétisme que l'on constate chez l'insecte, ont leur raison d'être dans la constitution de l'animal. La convenance est un élément si inséparable de la beauté, qu'on l'a souvent pris pour elle. Plus la forme répond parfaitement à la fin, plus elle est belle. En voyant un noble bâtiment où tout s'accorde bien, comme en entendant un chant parfait, nous avons l'impression d'un organisme spirituel, d'une chose qui avait sa nécessité dans la Nature, qui était une des formes possibles de l'Esprit divin, chose que l'artiste n'a fait actuellement que découvrir et exécuter, et n'a point composée arbitrairement.

Ainsi toute œuvre d'art véritable a autant de raison d'être que la terre et le soleil. Le charme le plus vif de la beauté a sa racine dans la constitution des choses. L'*Iliade* d'Homère, les cantiques de David, les odes de Pindare, les tragédies d'Eschyle, les Temples doriques, les Cathédrales gothiques, les drames de Shakespeare, toutes ces œuvres sans exception ont été faites non pour le divertissement, mais en un profond sérieux, dans les larmes et les sourires des hommes souffrant et aimant.

Envisagée à ce point de vue, l'histoire de l'Art devient intelligible et, en outre, l'une des études les plus attrayantes. Nous voyons comment chaque œuvre d'art a jailli spontanément de la nécessité et, de plus, emprunte sa forme aux grandes indications de la Nature. A ce point de vue, l'origine manifeste de tous les ordres connus d'architecture a quelque chose de grand. C'est l'idéalisation des premières habitations de chaque peuple. C'est sans aucune préméditation que les sauvagss ont perpétué leurs grossières habitations primitives. La première forme qu'ils ont donnée à leur maison devait être aussi la première de leurs édifices publics et religieux. Cette forme est devenue immédiatement sacrée aux yeux de leurs enfants et, à mesure que les traditions se sont groupées autour d'elle, chaque génération successive l'a imitée avec plus de splendeur.

Gœthe a remarqué, de même, que le granit se fend en parallélipipèdes dont une partie, si on les brise en deux, a la forme d'un obélisque, et que dans la Haute-Égypte les habitants marquent tout naturellement un endroit mémorable en y dressant une pierre bien en vue. Comme il l'a suggéré également, dans un mur de pierre ou sur un fragment de rocher, nous pouvons voir la saillie des veines de la pierre plus dure qui a résisté à l'action de la gelée et de l'eau décomposant le reste. Ces traces ont certainement donné l'idée des hiéroglyphes inscrits sur les obélisques. Quiconque observe la foule courant dans la rue pour regarder un combat, une personne prise de malaise, une figure bizarre, peut voir l'origine de l'amphithéâtre des anciens Romains. Les premiers arrivés s'assemblent en cercle; ceux qui sont derrière se tiennent sur la pointe des pieds; les plus éloignés grimpent sur des barrières ou des rebords de fenêtre, et forment ainsi comme une coupe dont l'objet de l'attention occupe le creux. L'architecte y met des bancs, entoure la coupe d'un mur — et voilà un Colisée !

Il est beaucoup de choses dans le monde, dans les coutumes des nations, l'étiquette des cours, la constitution des gouvernements dont il serait facile de montrer l'origine en de simples nécessités locales. L'art héraldique, par exemple, et les cérémonies d'un couronnement, sont une répétition magnifiée des incidents qui pouvaient survenir à un dragon et à son valet d'armes. Le Collège des Cardinaux était tout d'abord l'ensemble des prêtres paroissiaux de Rome. Les tours penchées doivent leur origine aux discordes civiles qui incitaient chaque seigneur à construire une tour. On en fit ensuite une question d'orgueil de famille — et pour se distinguer davantage, on imagina la nouveauté d'une tour penchante.

Cette étroite subordination de l'Art à la Nature matérielle et idéale, cette nécessité adamantine qui est à sa base, a fait tout son passé et peut faire prévoir son histoire à venir. Appeler les arts à la vie n'a jamais été au pouvoir d'un homme, ni d'une société. Ils surgissent pour servir ses besoins présents, jamais pour satisfaire sa fantaisie. Les arts ont toujours leur origine en quelque sentiment enthousiaste, comme l'amour, le patriotisme, la religion. Qui a taillé le marbre? L'homme croyant, qui désirait symboliser leurs dieux aux Grecs dans l'attente.

Les Cathédrales gothiques se sont élevées quand le prêtre et le peuple étaient dominés par la foi. L'amour et la crainte en ont édifié chaque pierre. Les Madones du Titien et de Raphaël étaient faites pour être adorées. La tragédie fut créée pour la même fin, ainsi que les miracles de la musique : tous ont jailli de quelque enthousiasme véritable, et jamais du dilettantisme ou du passe-temps. Actuellement ils languissent, parce qu'ils ne visent qu'à l'exhibition. Qui se soucie des œuvres d'art que le Gouvernement a commandées pour le Capitole[1], et qui les connaît? Ce sont de simples ornements pour plaire aux yeux des gens qui ont commerce avec les livres et les Musées. Mais en Grèce, le « Demos » d'Athènes se divisait en partis politiques au sujet des mérites de Phidias.

Dans notre pays et à notre époque, d'autres intérêts

1. Chambre du Parlement, à Washington (T.).

que ceux de la religion et du patriotisme prédominent, et les arts, enfants de l'enthousiasme, ne sauraient prospérer. Nous voyons le véritable produit de nos passions dominantes : les institutions populaires, l'École, les salles de lecture, le télégraphe, la poste, la Bourse, les Compagnies d'assurance, et l'immense moisson des inventions économiques sont le fruit de l'égalité et de la liberté sans bornes des professions lucratives. Ce sont là des besoins superficiels, et leurs fruits sont des institutions superficielles. Mais dans la mesure où ces institutions hâtent les fins de la liberté politique et de l'éducation nationale, elles préparent le sol humain à porter en un autre âge de plus belles fleurs et de plus beaux fruits. Car la beauté, la vérité et la bonté ne sont pas tombées en désuétude ; elles jaillissent éternellement du cœur de l'homme ; elles sont aussi aborigènes dans les Massachusetts qu'en Toscane ou dans les Iles de la Grèce. Et cet éternel Esprit, dont elles sont le triple aspect, façonne à jamais d'après elles, pour son mortel enfant, des images qui lui rappellent l'Infini et le Beau.

L'ÉLOQUENCE

L'ÉLOQUENCE

C'est une théorie des maîtres de musique en vogue que quiconque peut parler peut chanter. De même, tout homme est probablement éloquent une fois dans sa vie. La capacité de chaleur de nos tempéraments diffère; en d'autres termes, nous entrons en ébullition à différents degrés. Tel individu est amené au point d'ébullition par la chaleur de la conversation du salon. Naturellement, les eaux ne sont pas très profondes. Il a un enthousiasme haut de deux pouces, une ébullition de bouillote. Un autre exige la chaleur additionnelle de la foule et d'un débat public; un troisième a besoin d'un adversaire, ou d'une brûlante indignation; à un quatrième, il faut une révélation, et à un cinquième, rien de moins que la grandeur des idées absolues, les splendeurs et les ombres du Ciel et de l'Enfer.

Mais parce que, si longtemps qu'il ait pu rester muet, tout homme est orateur, une assemblée d'hommes est d'autant plus susceptible de l'être. L'éloquence d'un seul stimule le reste, quelques-uns au point de parler eux-mêmes, et tous les autres à un degré qui en font de bons récepteurs et de bons conducteurs;

et ils se vengent eux-mêmes de leur silence forcé par une loquacité croissante quand ils retournent au coin du feu.

Les têtes froides sont en de meilleures conditions que celles qui bouent prématurément, et rompent impatiemment le silence avant que leur heure soit venue. Nos assemblées régionales donnent souvent le spectacle d'une sorte d'éloquence de bouilloire rapidement échauffée. Cela rappelle trop cette expérience médicale où une série de patients absorbent des gaz d'oxyde nitrique. Chaque patient manifeste à son tour les mêmes symptômes — rougeur du visage, volubilité, gesticulation violente, attitudes délirantes, parfois des frappements de pieds, une perte inquiétante du sens de la fuite du temps, une jouissance égoïste de ses sensations, et un défaut de perception du malaise des spectateurs.

Platon dit que la punition des sages qui refusent de prendre part au Gouvernement, c'est de vivre sous le gouvernement d'hommes qui ne les valent pas ; et quand on s'abstient de parler, la punition, c'est un regret semblable qui vient à tous les auditeurs — le regret d'entendre des orateurs pires qu'eux-mêmes.

Mais cette passion de parler marque le sentiment universel de la puissance de l'instrument, et combien l'homme est curieux d'en toucher les ressorts. De tous les instruments de musique sur lesquels il joue, une assemblée populaire est celui qui a le plus d'étendue et de variété, et dont, grâce au talent et à l'étude, on peut tirer les plus merveilleux effets. Un auditoire n'est pas la simple addition des individus qui le composent. Leur sympathie leur donne un certain sentiment social qui remplit tous les membres, chacun dans sa mesure propre, et particulièrement l'orateur, comme une bouteille de Leyde est chargée de toute l'électricité de la batterie. Nul ne peut observer les visages d'une assemblée excitée, sans s'initier à une nouvelle occasion de peindre en traits de feu la pensée humaine, et ému, on se sent poussé à émouvoir les autres. Que d'orateurs sont là muets, assis en bas! Ils viennent pour donner satisfaction à cette perception et intuition qu'aucun Chatham et aucun Démosthène n'ont encore contentées.

La Triade galloise dit : « Nombreux sont les amis de la bouche d'or. » Qui peut s'étonner de l'attrait que le Parlement, le Congrès, ou le Barreau exercent sur nos jeunes hommes ambitieux, quand les plus hautes séductions de la société sont aux pieds de l'heureux orateur? Il a son auditoire à sa dévotion. Toutes les autres célébrités doivent faire silence devant la sienne. Il est le vrai potentat, car les rois ne sont pas ceux qui sont assis sur les trônes, mais ceux qui savent comment gouverner. Les définitions de l'éloquence expriment son attrait pour le jeune homme. Antiphon, le Rhamnusien, un des six orateurs de Plutarque, annonce aux Athéniens « qu'il guérira par des paroles les maladies de l'esprit ». Il n'est pas d'homme dont la prospérité soit si haute ou si sûre que deux ou trois mots ne puissent le décourager. Il n'est pas de calamité que quelques mots justes ne puissent commencer à soulager. Isocrate définissait son art : « le pouvoir de magnifier ce qui était petit et de diminuer ce qui était grand » — définition pénétrante, mais incomplète. Chez les Spartiates, l'éloquence prenait une forme spartiate,

c'est-à-dire celle de l'arme la plus acérée. Socrate
disait : « Si quelqu'un désire causer avec le moindre
des Lacédémoniens, il trouvera d'abord sa conversation méprisable; mais qu'une occasion convenable
se présente, et ce même homme, comme un jouteur
habile, lancera une phrase digne d'attention, courte
et ramassée, de sorte que celui qui s'entretient avec
lui ne paraîtra à aucun égard supérieur à un enfant. »
Platon définit la rhétorique : « L'art de gouverner
l'esprit des hommes. » Le Coran dit : « Une montagne peut changer de place, mais un homme ne
changera pas de dispositions; » cependant le but de
l'éloquence c'est — n'est-il pas vrai? — de modifier
en une couple d'heures, peut-être en un discours
d'une demi-heure, des convictions et des habitudes
qui remontent à des années. Les jeunes gens, eux
aussi, sont impatients de jouir de ce sentiment de
puissance accrue et de vie sympathique plus large.
L'orateur se voit l'organe d'une multitude d'individus, concentrant leurs courages et leurs forces :

> Mais maintenant le sang de vingt mille personnes
> Animait mon visage.

Ce que l'orateur désire, le but que l'éloquence doit
atteindre, ce n'est pas le savoir-faire spécial qui consiste à bien dire une histoire, résumer clairement des
preuves, discuter logiquement, ou s'adresser habi-
lement aux préjugés de l'assemblée — non, mais
une souveraine prise de possession de l'auditoire.
Nous appelons artiste celui qui joue sur une assemblée d'hommes comme un maître sur les touches d'un
piano — celui qui, voyant la foule en fureur, sait

l'adoucir et l'apaiser, l'amener à son gré au rire et aux larmes. Mettez-le devant ses auditeurs et, quels qu'ils puissent être, vulgaires ou délicats, contents ou mécontents, sombres ou sauvages, que leurs opinions soient sous la surveillance d'un confesseur ou du côté de leurs épargnes — il saura à son gré les charmer et les satisfaire, et ils accepteront et exécuteront ce qu'il leur aura enjoint.

C'est là le pouvoir magique que les poètes ont chanté dans « la Cornemuse multicolore d'Hamelin », dont la musique attirait comme la force de gravitation — attirait les soldats et les prêtres, les négociants et les convives des festins, les femmes et les enfants, les rats et les souris — ou dans celle du ménestrel de Meudon qui trouvait moyen de faire danser autour du cercueil les porteurs de cordons du poêle. C'est un pouvoir qui peut avoir bien des degrés, qui exige de l'orateur beaucoup de capacité et d'expérience, qui exige un homme de tempérament riche et large, comme la Nature en forme rarement ; aussi, d'après notre expérience, sommes-nous forcés de recomposer le type par fragments, prenant ici un talent, là un autre.

L'auditoire est le critérium constant de l'orateur. En toute assemblée publique, il y a plusieurs auditoires dont chacun domine à son tour. Si l'on dit quelque chose de comique ou de grossier, vous voyez les jeunes garçons et les tapageurs surgir si bruyants et si excités, que vous pourriez croire que la salle en est remplie. Si on soulève de nouvelles idées plus hautes et plus sérieuses, les turbulents reculent, et l'attention devient plus contenue et plus raisonnable. Vous croiriez que les jeunes garçons dorment, et

que les hommes ont un certain degré de profondeur.
Si l'orateur émet un sentiment noble, l'attention
s'accentue ; un auditoire nouveau et supérieur écoute
maintenant, et les auditeurs de la plaisanterie, des
faits positifs, des questions de raisonnement, sont
réduits au silence et pleins de respect. Il est aussi
quelque chose d'excellent en toute assemblée — la
puissance de vertu. Les auditeurs sont prêts à être
béatifiés. Ils en savent tellement plus que l'orateur —
et sont si justes ! S'élevât-t-il aux niveaux les plus
hauts, une tablette est là pour chaque ligne qu'il pourrait inscrire. D'humbles gens ont conscience d'une
lumière nouvelle ; des cerveaux étroits s'élargissent
de sympathies plus grandes — des esprits délicats,
longtemps inconnus à eux-mêmes, masqués et
étouffés par des circonstances vulgaires, entendent
pour la première fois leur langue native, et se précipitent pour l'écouter. Mais tous ces auditoires différents, qui surgissent successivement l'un au-dessus
de l'autre pour accueillir la variété des sujets et
des tons, sont en réalité composés des mêmes personnes ; il y a plus : parfois le même individu entrera
tour à tour activement en chacun d'eux.

Cette diversité d'influences qu'exerce le parfait
orateur, et cette diversité d'auditoires qui se trouvent
en une seule assemblée, amènent à envisager les
degrés successifs de l'éloquence.

La qualité qui est peut-être la moindre chez l'orateur, mais qui en bien des cas a une importance
capitale, c'est une certaine vigueur, un certain
rayonnement de santé corporelle, ou — le dirai-je ?
— une grande puissance de chaleur animale. Quand
chacun des auditeurs a le sentiment de constituer à

lui seul une trop grande partie de l'assemblée, frissonne de froid devant le clairsemé de la réunion du matin, et de frayeur à l'idée d'un mauvais discours qui ferait échouer toute l'affaire, la simple énergie et l'entrain sont d'un prix inestimable. L'habileté et la science seraient moroses et mal venues à côté d'un homme solide, cordial, fait de lait, comme nous disons, qui réchauffe la salle de sa loyauté, de ses bonnes intentions manifestes, et d'une harangue en style de « prêtez main-forte », faisant déborder sur l'auditoire un flot de vigueur physique, et donnant à chacun le sentiment d'être sain et sauf, de sorte que toute espèce de bon discours devient immédiatement possible. Je n'estime pas très haut cette sorte d'éloquence corporelle ; et cependant, il faut — même les meilleurs — que nous nous nourrissions et réchauffions avant de pouvoir bien faire un travail ; de même, cette exubérance quasi-animale est, comme un bon poêle, de première nécessité dans une maison froide.

Le climat entre ici pour beaucoup — le climat et la race. Dites à un homme de la Nouvelle-Angleterre de décrire un incident survenu en sa présence. Quelle hésitation et quelle réserve dans son récit ! Il raconte quelques détails avec difficulté, arrive aussi vite qu'il le peut à la conclusion et, bien qu'il ne puisse décrire, espère suggérer toute la scène. Écoutez maintenant une pauvre Irlandaise raconter quelqu'une de ses expériences. Sa parole coule comme une rivière, — naturelle, pleine d'humour, pathétique, rendant si bien justice à tous les personnages ! C'est une véritable transubstantiation — les faits convertis en discours chaud, coloré, vivant, comme ils sont arrivés ! Nos gens du Sud sont presque tous orateurs, et ont ici toute supériorité sur les gens de la Nouvelle-Angleterre, dont le climat est si froid qu'on dit que nous n'aimons pas ouvrir la bouche. Mais ni les Méridionaux des États-Unis, ni les Irlandais, ne peuvent se comparer avec les vifs habitants du Sud de l'Europe. Celui qui voyage en Sicile n'a pas besoin de scènes théâtrales plus gaies que celles que lui offre la conversation des joyeux convives de la *table d'hôte*[1] de son auberge. Ils miment la voix et les manières de la personne qu'ils décrivent, croassent, hurlent, sifflent, caquettent, aboient, crient comme des insensés et, ne serait-ce que par l'énergie physique qu'ils mettent en œuvre en racontant l'histoire, entretiennent chez les convives une excitation sans bornes. Mais chez tout homme, une certaine puissance de vigueur animale est indispensable, à titre de base matérielle des qualités supérieures de l'art de la parole.

Mais l'éloquence doit être attirante, ou elle n'est rien. Ce qui fait la vertu des livres, c'est d'être lisables, et celle des orateurs, d'être intéressants ; et c'est là un don de la Nature ; Démosthène, en l'espèce le plus laborieux des étudiants, a exprimé son sentiment de cette nécessité en écrivant : « Bonne fortune », comme devise sur son écusson. Comme nous le savons, la puissance de la parole peut aller chez certains individus jusqu'à la fascination, bien qu'elle puisse n'avoir aucun effet durable. Un peu de ce miel doit s'y mêler. L'éloquence véritable n'a pas besoin de cloche pour réunir les gens, ni d'officier

---

1. En français, dans le texte.

de paix pour les surveiller. Elle arrache les enfants à leurs jeux, les vieillards à leur fauteuil, le malade à sa chambre bien chaude ; elle se saisit fortement de l'auditeur, lui dérobe ses jambes afin qu'il ne puisse partir, sa mémoire afin qu'il ne puisse se rappeler les affaires les plus pressantes, ses croyances afin qu'il ne puisse admettre aucune considération opposée. Les descriptions que nous en avons aux âges semi-barbares, alors qu'elle tirait quelque supériorité des habitudes plus simples des gens, montrent le but où elle vise. On dit qu'à Ispahan et dans les autres villes d'Orient, les Khans, ou conteurs, arrivent à dominer leurs auditeurs, les tenant pendant des heures attentifs aux histoires les plus fantaisistes et les plus extravagantes. Le monde entier connaît assez bien la manière de ces improvisateurs, et comme ils sont fascinants dans nos traductions des « Nuits arabes ». Scheherezade raconte ces histoires pour sauver sa vie, et le charme qu'y trouvent la jeune Europe et la jeune Amérique prouve qu'elle l'a bien gagnée. Et qui ne se rappelle dans son enfance quelque Scheherezade blanche, noire ou jaune, que ce talent de conter les exploits sans fin des magiciens et des fées, des rois et des reines, rendait plus chère et plus admirable à un auditoire d'enfants qu'aucun orateur d'Angleterre ou d'Amérique ne l'est aujourd'hui? La constitution plus nonchalante et plus imaginative des peuples orientaux les rend beaucoup plus sensibles à ces appels à la fantaisie.

Ces légendes ne sont que l'exagération de faits réels, et toutes les littératures contiennent ces hauts éloges de l'art de l'orateur et du barde, depuis les Hébreux et les Grecs jusqu'à l'Écossais Glenkindie, qui

> Pouvait pêcher dans la cascade,
> Faire jaillir l'eau de la pierre,
> Ou du lait du sein de la femme,
> Qui jamais n'avait enfanté.

Homère s'est particulièrement délecté à peindre ce même portrait. Qu'est-ce que l'*Odyssée*, sinon l'histoire de l'orateur écrite en grand, poursuivie à travers une série d'aventures qui lui fournissent de brillantes occasions de manifester son talent? Voyez avec quelle sollicitude et quel plaisir le poète l'introduit en scène. Du haut d'une tour, Hélène désigne à Priam les principaux chefs grecs. Le vieillard demanda : « Dites-moi, chère fille, quel est cet homme plus petit qu'Agamemnon de la hauteur d'une tête, et qui cependant a l'air plus large d'épaules et de poitrine? Ses armes gisent sur le sol, mais il parcourt les rangs des soldats comme un chef. Il me semble un bélier imposant qui marche comme le maître du troupeau. » Hélène, fille de Jupiter, lui répondit : « C'est le sage Ulysse, fils de Laërte qui a été élevé dans l'île escarpée d'Ithaque, qui connaît toutes sortes de stratagèmes, et des plus artificieux. » Le prudent Anténor lui répondit : « O femme! tu as dit vrai. Car jadis le sage Ulysse vint ici en ambassade avec Ménélas, bien-aimé de Mars. Je les reçus, et leur donnai l'hospitalité dans ma maison. J'appris à connaître le génie et la grandeur de discernement de tous deux. Quand ils se mêlèrent aux troupes assemblées et se tinrent debout, les larges épaules de Ménélas dépassaient l'autre; mais quand ils s'assirent, le plus majestueux était Ulysse. Lorsqu'ils causèrent, échangeant des récits, des appréciations avec tous, Ménélas parla succinctement — ne disant que peu de mots, mais très agréables — car il n'était ni causeur, ni prolixe en ses discours, et était le plus jeune. Pour le sage Ulysse, quand il se leva, se tint debout, les yeux baissés, fixant son regard sur le sol, sans remuer son sceptre en avant ou en arrière, le tenant immobile comme une personne embarrassée, vous auriez dit un homme en colère ou insensé ; mais quand il fit jaillir de sa poitrine sa voix puissante, et que ses paroles tombèrent comme les neiges d'hiver, aucun mortel n'aurait voulu contester avec lui ; et, voyant ce spectacle, nous ne nous étonnâmes plus autant de son aspect[1]. » Ainsi, il ne manque pas d'armer Ulysse dès le début de ce pouvoir de surmonter toutes les oppositions par les séductions de la parole. Plutarque raconte que lorsque Archidamus, roi de Sparte, demanda à Thucydide quel était — de Périclès ou de lui — le meilleur athlète, il répondit : « Quand je le renverse, il dit n'avoir pas été terrassé, et amène les spectateurs eux-mêmes à le croire. » Philippe de Macédoine disait de Demosthène, en entendant le compte rendu de l'un de ses discours : « Si j'avais été là, il m'aurait persuadé de prendre les armes contre moi-même ; » et Warren Hastings disait du discours de Burke sur sa mise en accusation : « En écoutant l'orateur, il m'a semblé pendant plus d'une demi-heure que j'étais l'être le plus coupable de la terre. »

Dans ces exemples, il entre déjà des qualités supé-

---

1. *Iliade*, III, 191.

rieures; mais le don de retenir l'attention par un discours agréable, et de parler à l'imagination et à la fantaisie, existe souvent sans mérites supérieurs. Ainsi isolée, comme cette fascination du discours ne vise qu'à l'amusement, alors même qu'elle aurait momentanément un effet décisif, elle n'est qu'une jonglerie, et sans pouvoir durable. On l'écoute comme une troupe de musiciens qui parcourt les rues, et convertit tous les passants en poètes, mais qui est oubliée dès qu'elle a tourné le premier coin; et à moins, pour parler en style oriental, que cette langue emmiellée ne puisse laper le soleil et la lune, cette sorte d'éloquence doit se mettre au rang de l'opium et de l'eau-de-vie. Je ne sais point de remède contre elle, si ce n'est le coton ou la cire dont Ulysse boucha les oreilles de ses marins pour passer sans danger au milieu des Sirènes.

Il est mille degrés de puissance, et les moindres ont leur intérêt; mais il ne faut pas les confondre. Il y a la langue bien pendue et la tranquille possession de soi du vendeur de grand magasin qui l'emporte, comme on le sait, sur la prudence et les résolutions des maîtres de maison des deux sexes. Il y a l'abondance facile de l'homme de loi qui produit assez d'effet sur les gens dénués de ce genre de talent, quoiqu'en bien des cas elle ne soit rien de plus que le don d'exprimer avec rapidité et exactitude ce que chacun pense et formule plus lentement, sans plus de connaissance, ni de précision de pensée — mais la même chose, ni plus ni moins. Il n'est besoin d'aucune pénétration spéciale pour éditer un des journaux de notre pays. Cependant quiconque peut débiter couramment, en une série de phrases, des choses ni meilleures ni pires que celles qui y sont imprimées, fera beaucoup d'impression sur notre peuple aisément satisfait. Ces parleurs sont de la classe qui réussit, comme le fameux maître d'école, en n'étant en avance sur l'élève que d'une seule leçon. Ajoutez-y un peu d'esprit sarcastique, de promptes allusions aux incidents du jour, et vous avez le membre néfaste du Parlement. Un grain de méchanceté, une touche brutale dans sa rhétorique, ne lui feront aucun tort vis-à-vis de son auditoire. Ces talents sont de la même espèce, et seulement d'un degré plus élevé, que les boniments du commissaire-priseur et le langage injurieux bien caractérisé par l'expression populaire « coup de gueule ». Ces sortes de discours publics et privés ont leur intérêt et leur avantage pour les professionnels, mais on peut dire de telles gens que l'habitude de la parole est propre à les disqualifier pour l'éloquence.

Un de nos hommes d'État disait : « La malédiction de ce pays, ce sont les hommes éloquents. » Et l'on ne peut s'étonner du malaise que montrent parfois des hommes d'État exercés, ayant une grande expérience des affaires publiques, quand ils constatent la façon disproportionnée dont l'éloquence l'emporte soudain sur les services publics les plus nombreux et les plus réels. Au Sénat, ou en d'autres assemblées d'affaires, les résultats solides dépendent d'un petit groupe de travailleurs. Ils savent comment agir en face des faits, comment présenter les choses sous une forme pratique, et n'estiment les hommes que dans la mesure où ils peuvent faire avancer la tâche. Mais voici un nouveau venu, incapable de les aider insignifiant, n'étant rien dans le Comité, mais ayant le don de la parole. Dans les débats portes ouvertes, ce précieux personnage prononce un discours que l'on imprime, et que toute l'Union lit; il devient immédiatement célèbre, et l'emporte dans l'esprit public sur les hommes d'action, lesquels sont naturellement indignés de voir un être qui n'a ni tact ni capacité, et sait n'en point avoir, mis au-dessus d'eux tous, grâce à cette facilité de parole qu'ils dédaignent.

Laissant derrière nous ces prétentions plus ou moins justes pour nous rapprocher un peu plus de la vérité — l'éloquence attire en tant qu'exemple de la fascination qu'exerce l'ascendant personnel — c'est une résultante, une puissance totale, rare parce qu'elle exige un riche concours de forces : intelligence, volonté, sympathie, constitution physique et, par-dessus tout, le hasard d'une bonne cause. Nous croyons à demi à la possibilité d'un être capable de contre-balancer tous les autres. Nous croyons qu'il peut y avoir un homme à la hauteur des événements — un homme qui n'a jamais trouvé son égal, un homme contre qui les autres, élancés, se brisent; un homme de ressources personnelles inépuisables, qui peut vous céder autant de points que vous voudrez, et remporter la victoire sur vous. Ce que nous désirons réellement, c'est un esprit à la hauteur de n'importe quelle circonstance. Vous êtes en sécurité dans votre district rural, ou dans la ville, en plein jour, au milieu de la police, et sous le regard de cent mille personnes. Mais qu'en serait-il sur l'Atlantique, au milieu d'une tempête? Sauriez-vous comment faire pénétrer votre raison en des hommes désemparés par la terreur, et échapper sain et sauf? — comment le faire parmi des voleurs, une populace furieuse, ou des cannibales? Face à face avec un malfaiteur de grand chemin qui a toutes les tentations et opportunités en matière de violence et de vol, pourriez-vous vous sauver par votre esprit, manifesté en vos discours? — problème assez facile pour un César ou un Napoléon. Chaque fois qu'arrive un homme de cette trempe, le voleur de grand chemin a trouvé son maître. Quelle différence entre les hommes dans la puissance d'expression de la physionomie! Un homme réussit parce qu'il a dans les yeux plus d'autorité qu'une autre, et par là le séduit ou l'intimide. Toutes les semaines, les journaux racontent l'histoire de quelque impudent chevalier d'industrie qui, par ses airs d'assurance, a dupé ceux qui auraient dû s'y connaître davantage. Cependant tous les escrocs que nous avons connus étaient des novices et des maladroits, comme le prouve leur mauvais renom. Une expression de physionomie plus puissante réussirait en quelque chose que ce fût, et ferait disparaître le mauvais renom avec le reste de leurs prises. Une plus grande aptitude à conduire l'affaire de haut, avec une assurance parfaite, confondrait marchands, banquiers, juges, hommes d'influence et d'autorité — poètes et présidents — pourrait se mettre à la tête de n'importe quel parti, renverser n'importe quel souverain, et abroger n'importe quelle constitution d'Europe ou d'Amérique. On a dit que celui-là atteint du premier coup à une force immense qui a renoncé au sentiment moral, et décidé avec lui-même de ne s'attacher désormais à rien. On a dit de Sir William Pepperel, un des hommes illustres de la Nouvelle-Angleterre, que « où que vous le mettiez, il commandait et voyait sa volonté s'accomplir ». Jules César dit à Métellus, quand ce tribun intervint pour l'empêcher de pénétrer dans le trésor de Rome : « Jeune homme, il m'est plus facile de vous mettre à mort que de dire que je le veux; » et le jeune homme céda. Il avait été pris auparavant par des pirates. Que fit-il? Il se jeta lui-même dans leur vaisseau, s'établit avec eux dans la plus extraordinaire intimité, leur conta des histoires, déclama; s'ils n'applaudissaient pas ses discours, il les menaçait de les faire pendre — ce qu'il fit plus tard — et en peu de temps, il devint maître de tous ceux qui étaient à bord. C'est là un homme qui ne se laisse pas déconcerter, et par là même n'a jamais à jouer sa dernière carte, mais a une réserve de forces quand il atteint son but. Avec une physionomie sereine, il bouleverse un royaume. Ce qu'on raconte de lui est miraculeux, ou paraît tel. Les hommes lui prodiguent leur confiance, il change la face du monde, et des histoires, des poèmes, de nouveaux systèmes philosophiques surgissent pour l'expliquer. C'est un être qui commande souverainement à toutes ses passions et à tous ses sentiments; mais le secret de son autorité est plus haut. C'est la puissance de la Nature se répandant sans obstacle du cerveau et du vouloir dans les mains. Les hommes et les femmes sont ses jouets. Où ils sont, il ne peut être sans ressources. « Quiconque peut bien parler », disait Luther, « est un homme. » C'étaient des hommes de cette trempe que les États grecs avaient coutume de demander à Sparte comme généraux. Ils n'envoyaient pas demander de troupes à Lacédémone, mais disaient : « Envoyez-nous un chef; » et les Éphores dépêchaient Pausanias, Gylippe, Brasidas, ou Agis.

Il est facile de montrer cette personnalité dominatrice par ces exemples de soldats et de rois ; mais il est des hommes du genre de vie le plus tranquille et de principes pacifiques qui, partout où ils vont, se sentent aussi manifestement que le soleil de juillet ou la gelée de décembre — des hommes que l'on entend lorsqu'ils parlent, bien qu'ils ne parlent qu'en un murmure — des hommes qui, lorsqu'ils agissent, agissent avec efficacité et ce qu'ils font, on l'imite ; et l'on peut en trouver des exemples en des sphères très humbles, aussi bien qu'en des sphères élevées.

Dans les pays depuis longtemps civilisés, on met un haut prix aux services des hommes qui sont arrivés à une supériorité personnelle. Celui qui veut faire aboutir quelque chose doit payer non un procureur habile, mais un maître. Il est en Angleterre un avocat qui passe pour avoir gagné trente ou quarante mille livres sterling *per annum*, en soutenant les droits des compagnies de chemins de fer devant les commissions de la Chambre des Communes. Ses clients ne paient pas tant pour ses connaissances légales que pour ses qualités viriles, son courage, sa conduite, et une position sociale prépondérante qui lui permettent de faire écouter leurs réclamations et d'en faire tenir compte.

Je sais très bien que chez notre peuple froid et calculateur, où chacun monte la garde autour de soi-même, où s'échauffer, s'effrayer et s'abandonner sont choses tout à fait inadmissibles, il règne un grand scepticisme à l'endroit de cette influence extraordinaire. Parler d'un esprit dominateur éveille le même sentiment de jalousie et de défiance que l'on peut observer autour d'une table où quelqu'un raconte de merveilleuses histoires de magnétisme. Chaque auditeur met un point final au récit en s'écriant : « Pourrait-il *me* magnétiser? » Ainsi chacun cherche à savoir si quelque orateur pourrait modifier *ses* convictions.

Mais est-il quelqu'un qui se suppose absolument réfractaire? Croit-il qu'il n'y a aucune possibilité pour lui de rencontrer un individu qui lui fassse abandonner ses résolutions les plus fermes? — qui, par exemple, fasse un fanatique du bon et tranquille citoyen qu'il est — ou, s'il est parcimonieux, qui lui fasse gaspiller son argent pour quelque projet auquel il pense le moins — ou, s'il est un homme prudent, laborieux, qui lui fasse négliger son travail, et prendre intérêt à une nouvelle question durant des jours et des semaines? Non, il les en défie tous, il en défie chacun. Ah! il songe à la résistance, et à un tour de pensée différent du sien. Mais que faire s'il vient un homme de même tour d'esprit, et qui voit beaucoup plus loin que lui sur sa propre route? Un homme dont les goûts sont pareils aux miens, mais d'une force plus grande, me dirigera à n'importe quel moment, et me fera aimer mon conducteur.

Ainsi ce n'est pas le talent de la parole que nous avons d'abord en vue sous ce mot *éloquence*, mais la force qui, présente, lui donne sa perfection, et absente ne lui laisse qu'une valeur superficielle. L'éloquence est l'instrument propre de la plus haute énergie personnelle. L'ascendant personnel peut exister avec un talent adéquat d'expression, ou sans lui. On le perçoit aussi sûrement qu'une montagne ou une planète; mais quand il est armé du pouvoir de la parole, il semble pour la première fois devenir vraiment humain, s'exerce activement dans toutes les directions, et fournit à l'imagination de précieux matériaux.

C'est là un fait qui rentre en chaque analyse du pouvoir des orateurs, et est la clé de tous les résultats qu'ils obtiennent. Dans une assemblée, vous verrez que l'orateur et l'auditoire sont en équilibre perpétuel; et le choix du sujet indique la prédominance de l'un ou de l'autre. Là où existe le don de la parole, mais non une personnalité forte, vous avez de bons orateurs qui reçoivent et expriment parfaitement la volonté de l'auditoire, et la populace la plus basse se trouve flattée d'entendre ses pensées vulgaires qui lui sont renvoyées avec tous les ornements que peut y ajouter un talent habile. Mais si l'orateur a de la personnalité, l'aspect des choses se modifie. L'auditoire est mis dans la position d'un élève, suit l'orateur comme un enfant suit son maître, et écoute ce qu'il a à dire. C'est comme si au milieu du Conseil du roi, à Madrid, alors que Ximénès prouve qu'on pourrait gagner quelque avantage sur la France, et Mendoza qu'on pourrait contenir les Flandres, Colomb étant introduit, on lui demandait si ses connaissances géographiques pourraient aider le Cabinet; il ne pourrait rien dire à l'un ou à l'autre parti; mais il pourrait montrer comment on peut diminuer toute l'Europe et la ranger sous le roi, en assurant à l'Espagne un continent grand comme six ou sept Europes.

Cet équilibre entre l'orateur et l'auditoire se manifeste dans ce que l'on appelle la « pertinence » de l'orateur. Il y a toujours antagonisme entre l'orateur et les circonstances, entre les exigences du moment et les préoccupations de l'individu. L'événement qui a provoqué la réunion a généralement plus d'importance que tout ce que les discutants ont dans l'esprit ; aussi s'impose-t-il à leur pensée. Mais si l'un d'entre eux a au cœur quoi que ce soit qui ait le caractère d'une nécessité impérieuse, comme il trouve rapidement moyen de s'en ouvrir, et cela aux applaudissements du public! Cet équilibre s'observe dans la conversation privée. Le pauvre Tom n'a jamais connu l'heure où la circonstance présente était si insignifiante qu'il lui était possible de dire ce qui lui venait à l'esprit, sans qu'on l'arrêtât en lui reprochant un discours hors de saison ; mais que Bacon parle, et les sages préfèrent écouter, alors même que la révolution des empires serait en marche. J'ai entendu raconter d'un prédicateur éloquent, dont la voix n'est pas encore oubliée dans cette ville, que quand une mort ou un désastre tragique étendait son voile noir sur la congrégation, il montait les degrés de la chaire avec plus de légèreté que de coutume et, invoquant ses textes favoris de reconnaissance pieuse et exultante — « Louons le Seigneur! » — il entraînait ses auditeurs, les affligés et l'affliction avec lui, et chassait toute l'impertinence des chagrins personnels devant ses hosannas et cantiques de louanges. En revenant d'une conférence, Peppy dit de Lord Clarendon (dont il est « follement épris ») : « Je n'avais jamais remarqué combien on parle plus facilement quand on sait que toute l'assemblée est au-dessous de soi, comme je viens de le faire en l'écoutant; car, quoiqu'il parlât en vérité parfaitement bien, la manière, l'aisance avec laquelle il le faisait, comme en se jouant et informant seulement tout le reste de l'auditoire, était puissamment élégante [1]. »

Cet antagonisme entre l'orateur et l'événement est inévitable, et l'événement cède toujours à l'éminence de l'orateur, car un grand homme est le plus grand des événements. Naturellement, l'intérêt des auditeurs et celui de l'orateur vont de pair. Tout n'est bien pour eux que quand son influence est complète; alors seulement ils sont satisfaits. Il consulte particulièrement ses forces en choisissant son thème, au lieu de l'accepter. S'il essayait d'instruire les gens de ce qu'ils connaissent déjà, il échouerait; mais en les informant de ce qu'il sait, il a à tout moment l'avantage sur l'auditoire. La tactique de Napoléon, avançant contre l'angle d'une armée et présentant toujours des forces supérieures en nombre, est aussi le secret de l'orateur.

Les différentes ressources qu'emploie l'orateur, les armes splendides qui servent à l'équipement de Démosthène, d'Eschine, de Démades, l'orateur né, de Fox, de Pitt, de Patrick Henry, d'Adams, de Mirabeau, méritent une énumération spéciale. Nous ne devons pas omettre entièrement la désignation des pièces principales.

L'orateur, comme nous l'avons vu, doit avoir une personnalité réelle. Ensuite, il doit avoir tout d'abord le don de l'exposition — il doit posséder le fait, et savoir le présenter. Dans tout groupe d'individus causant sur un sujet quelconque, l'homme qui est le plus informé gagnera l'attention de l'auditoire, s'il

---

1. *Journal*, I, 169.

le désire, et dirigera la conversation — quels que soient le génie ou la distinction que puissent avoir les autres personnes présentes; et dans toute réunion publique, les gens écouteront celui qui possède les faits, qui peut et veut les exposer, alors même qu'il serait par ailleurs un ignorant, alors même qu'il aurait la voix rauque et serait disgracieux, qu'il bégaierait et crierait.

Au Tribunal, l'auditoire est impartial; il désire réellement approfondir les assertions et savoir où est la vérité. Et dans l'interrogatoire des témoins, il surgit d'ordinaire, et d'une façon tout à fait inattendue, trois ou quatre paroles ou phrases qui reviennent constamment, sont la moelle et le point décisif de l'affaire, entrent dans la tête de chacun, y demeurent et tranchent la cause. Tout le reste n'est que répétitions et mitigations, et la Cour et le Comté se sont en réalité réunis pour arriver à ces trois ou quatre paroles mémorables, qui révèlent le sentiment et la pensée de quelqu'un.

En toute société, l'individu qui connaît les faits est comme le guide qu'un groupe d'amis et vous engagez pour faire l'ascension d'une montagne, ou vous conduire à travers un pays difficile. Il se peut qu'au point de vue de l'esprit, de l'éducation, du courage, ou des biens, il ne puisse soutenir la comparaison avec aucun des membres de votre groupe; mais dans les circonstances présentes, il est beaucoup plus important qu'aucun eux. C'est là ce que nous avons en vue quand nous allons au Tribunal — nous voulons voir le fait général dégagé, la relation exacte de toutes les parties; et c'est la certitude avec laquelle en une affaire quelconque bien conduite, la

vérité — une réalité de la vie humaine bien connue —
nous regarde en face à travers tous les déguisements
qu'on lui a mis, qui fait l'intérêt des tribunaux pour
le spectateur intelligent.

Je me rappelle avoir été, il y a longtemps, attiré au
Tribunal par la supériorité des défenseurs, et l'importance locale de la cause. Le prisonnier avait pour
défenseurs les hommes de loi les plus forts et les plus
habiles de la République. Ils poussèrent le procureur de l'État dans ses derniers retranchements, lui
détruisant ses raisons, et le réduisant à se taire,
mais non à céder. Serré de trop près, il se vengea à
son tour sur le juge en demandant au Tribunal, d'expliquer ce que c'était qu'un sauvetage. Le Tribunal,
ainsi acculé, essaya de se tirer d'embarras par des
mots, et dit tout ce qui lui passait par l'esprit pour
remplir le temps, imaginant des exemples, expliquant les devoirs des assureurs, des capitaines, des
pilotes, des divers officiers de marine qui existent ou
pourraient exister — comme un écolier embarrassé
par une règle difficile lit le contexte avec insistance.
Mais tout ce flot de paroles ne servant pas à la seiche,
ce terrible requin de procureur de district étant toujours là, attendant sévèrement avec son : « Il faut
que le Tribunal donne une définition » — le pauvre
Tribunal allégua son incompétence. Dans le cas présent, c'était au Tribunal supérieur à fixer la jurisprudence, et il lut piteusement tout haut les décisions
de la Cour suprême, mais les lut à des gens sans
pitié. A la fin, le juge fut forcé de formuler quelque
chose, et les avocats sauvèrent leur filou grâce aux
brouillards de la définition. Les parties étaient si bien
distribuées et différenciées, que le jeu était intéres-

sant à suivre. Le Gouvernement était assez bien représenté. Il se montra absurde, mais il avait une volonté, la situation la plus forte, et s'y tint jusqu'au bout. Le rôle du juge dépassait sa préparation; cependant, sa position restait solide : il était là pour représenter une grande réalité — la justice des États qu'il pouvait aisément voir planer au-dessus de sa tête, et que ses propos inutiles n'atteignaient nullement et ne pouvaient retarder, puisqu'il n'avait que des intentions droites.

L'exposé du fait s'efface cependant devant l'exposé de la loi, lequel exige des talents infiniment supérieurs, et est un don des plus rares, une seule et même chose chez tous les grands maîtres — rien de technique chez les hommes de loi, mais toujours quelque élément de sens commun, intéressant également les profanes et les professionnels. Le mérite de Lord Mansfield est celui du sens commun. C'est la même qualité que nous admirons chez Aristote, Montaigne, Cervantes, Samuel Johnson, ou Franklin. Son application aux matières de droit semble tout à fait accidentelle. Chacun des jugements célèbres de Mansfield renferme une ou deux phrases qui atteignent le but. Les phrases ne sont pas toujours achevées pour le regard, mais elles le sont pour l'esprit. Il enchevêtre ses phrases, mais il énonce une proposition solide, il trace une juste démarcation. Elles procèdent d'un sain entendement et atteignent l'entendement sain; et j'ai lu avec surprise qu'aujourd'hui les avocats de cabinet souriaient de ces « jugements équitables », comme s'ils n'étaient pas aussi de doctes jugements. C'est là réellement la raison d'être du discours — exposer les choses; et tout ce que l'on appelle éloquence me semble, dans la plupart des cas, peu utile à ceux qui l'ont, mais inestimable pour ceux qui ont quelque chose à dire.

A côté de la connaissance du fait et de sa loi, vient immédiatement la méthode, qui constitue le génie et l'efficacité de tous les hommes remarquables. Une foule de gens montent à Faneuil Hall[1]; tous connaissent assez bien le but de la réunion; ils ont tous lu les faits dans les mêmes journaux. L'orateur ne possède aucune information que ses auditeurs n'aient aussi; cependant, il leur apprend à voir la chose par ses propres yeux. Grâce à un nouvel arrangement, les circonstances acquièrent plus de force et de prix. Par le fait qu'il le cite, chaque détail gagne en importance, et les riens prennent de la valeur. Ses paroles les fixent dans la mémoire des hommes, et volent de bouche en bouche. Son esprit a un nouveau principe de classement. Là où se portent ses regards, les choses se précipitent à leur place. Que va-t-il dire ensuite? Qu'il parle, et que lui seul parle. En appliquant aux affaires ordinaires de ce monde les habitudes d'une forme de pensée plus haute, il introduit partout où il va la beauté et la grandeur. Tel était le don de Burke, et nous avons eu quelques brillants exemples de ce génie dans notre propre monde d'hommes de loi et d'hommes politiques.

Les Images. Dans une certaine mesure, l'orateur doit être un poète. Nous sommes des êtres si imaginatifs que sur l'esprit humain, barbare ou civilisé, rien n'agit comme une figure. Concentrez quelque expé-

---

1. Ancien Hôtel de ville de Boston (T.).

rience journalière en un symbole éclatant, et les auditeurs sont électrisés. Il leur semble posséder déjà quelque nouveau droit, quelque nouveau pouvoir sur un fait, qu'ils peuvent isoler, et dominer ainsi complètement en pensée. C'est un merveilleux auxiliaire de la mémoire, laquelle emporte l'image et ne la perd jamais. Une Assemblée publique, comme la Chambre des Communes, ou le Parlement français, ou le Congrès américain, est gouvernée par ces deux puissances — le fait d'abord, ensuite le talent d'exposition. Mettez votre thèse sous une forme concrète ou une image — une phrase résistante, ronde et solide comme une balle, qu'on pourra voir, manier et emporter chez soi — et la cause sera à demi gagnée.

L'exposition, la méthode, les images, le choix, la fidélité de la mémoire, le don de manier les faits, de les éclairer, de les affaiblir par le ridicule ou par une diversion de l'esprit, la généralisation rapide, l'humour, le pathétique, sont des clés que tient l'orateur ; et cependant ces dons excellents ne sont pas l'éloquence, et empêchent souvent d'y atteindre. Et si nous arrivons au cœur du mystère, peut-être devrons-nous dire que l'homme vraiment éloquent est un homme sain, doué du pouvoir de communiquer sa santé d'esprit. Munissez-le des armes merveillleuses de cet art, donnez-lui le pouvoir de saisir les faits, la science, une imagination vive, l'ironie, les allusions brillantes, les images sans fin — tous ces dons, si puissants et si captivants, ont le pouvoir de tromper et de fourvoyer également l'auditoire et l'orateur. Ses dons sont trop forts pour lui, ses chevaux s'emportent avec lui ; et les gens voient toujours si vous conduisez, ou si les chevaux prennent le mors aux dents, et s'emportent.

Mais ces dons deviennent quelque chose de tout autre quand ils sont subordonnés à l'orateur, et le servent; et nous allons à Washington ou à Westminster Hall, et pourrions bien faire le tour du monde pour voir un homme qui conduit son talent, et n'est pas emporté par lui — un homme qui, en poursuivant de grands desseins, a un pouvoir absolu sur les moyens de représenter son idée, et n'use de ces moyens que pour l'exprimer, situant les faits, situant les gens et, au milieu de l'inconcevable légèreté des êtres humains, ne déviant jamais un instant de la rectitude. Il existe pour chaque individu une formule acceptable de la vérité qu'il est le moins disposé à admettre — une formule si large et si pénétrante qu'il ne peut y échapper, et doit ou plier devant elle ou en mourir. Autrement le mot éloquence n'existerait pas, car c'est cela qu'il désigne. L'auditeur ne peut se dissimuler qu'on a montré à lui-même et à l'univers une chose qu'il ne désirait pas voir; et comme il ne peut disposer d'elle, c'est elle qui dispose de lui. L'histoire des affaires ou des hommes publics en Amérique fournit aisément de tragiques exemples de cette force fatale.

Pour les triomphes de l'éloquence, il faut encore quelque chose de plus — que l'homme soit renforcé par les événements, de manière à avoir la double puissance de la raison et du destin. Dans l'éloquence supérieure, il y a toujours eu une crise des choses, crise telle qu'elle engage profondément l'orateur dans la cause qu'il plaide, et concentre tout cet immense pouvoir sur un seul point. Pour qu'il y ait explosions et éruptions, il faut qu'il y ait quelque part une accumulation de chaleur, qu'il y ait au centre des couches d'anthracite en feu. Et dans les cas où une conviction profonde s'est formée, l'homme éloquent n'est pas celui qui est un discoureur de talent, mais celui qui s'est intimement enivré d'une certaine croyance. Elle l'agite, le travaille, et va peut-être jusqu'à le priver de ses facultés d'articulation. Alors, elle jaillit de lui en cris brefs, saccadés, en torrents d'idées. Le sujet possède tellement son esprit, qu'il lui donne une méthode d'expression qui est la méthode même de la Nature, et par conséquent la méthode la plus puissante, et qu'aucun art ne peut imiter. Et la différence capitale entre lui et les acteurs qui ont toutes les grâces, c'est la conviction, communiquée par chacun de ses mots, que son esprit contemple un tout, est enflammé de la vision du tout, et que les paroles et les phrases qu'ils profère, si admirables soient-elles, tombent de lui comme des fragments négligés de ce tout formidable qu'il voit, et veut que vous voyiez aussi. Ajoutez à cela un certain calme supérieur qui, dans tout le tumulte, ne profère jamais une syllabe prématurée; mais garde le secret de ses moyens et de sa méthode, et l'orateur se tiendra devant les gens comme une puissance surnaturelle dont les miracles leur restent insaisissables. Cette ardeur terrible justifie la vieille superstition des chasseurs — à savoir que la balle qui atteint le but est celle qui a été d'abord trempée dans le sang du tireur.

L'éloquence doit se fonder sur l'exposé le plus simple. Plus tard, elle peut s'échauffer jusqu'à rayonner en images de toute espèce et de toute couleur, ne s'exprimer que sous les formes les plus poétiques; mais, avant tout, elle doit toujours être au fond un exposé religieux de la réalité. C'est par le fait de s'appuyer toujours sur le réel, que l'orateur est un orateur. Par là seulement, il est invincible. Il n'est pas de talents, de charme, de puissance d'esprit, de savoir ou d'images, qui puissent compenser le manque de réalité. Tous les auditoires y sont sensibles. Une parole ou une éloquence réputée pousseront un petit nombre de fois les gens à entendre un orateur; mais bientôt, ils commenceront à demander : « Où veut-il en venir? » et si l'homme ne représente rien, on le désertera. Ils suivront longtemps l'homme qui soutient fermement quelqu'une de leurs croyances, qui exprime des choses positives; mais une lacune dans le caractère de l'orateur entraîne avec raison une perte d'influence. Le prédicateur énumère ses catégories d'individus, et je n'y trouve point ma place; je soupçonne alors que personne n'y trouve la sienne. Tout est de ma famille; et quand il parle de choses réelles, je sens qu'il touche à quelqu'une de mes relations, et suis mal à l'aise; mais quand il s'en tient aux mots, nous sommes dispensés d'attention. Si vous voulez m'élever, vous devez être à un niveau supérieur. Si vous voulez m'affranchir, vous devez être libre. Si vous voulez rectifier ma perception erronée des faits, présentez-moi ces mêmes faits dans l'ordre véritable de la pensée, et je ne pourrai me détourner de la nouvelle conviction.

La puissance de Chatham, de Périclès, de Luther, s'appuyait sur cette énergie du caractère — énergie qui, ne craignant et ne pouvant craindre quoi que ce soit, ne tenait pas compte des adversaires, devenait parfois délicieusement provocante, et parfois leur était terrible.

Nous ne possédons que peu de traits de ces hommes, et les livres pesants qui rapportent leurs discours ne peuvent nous renseigner. Quelques-uns furent des écrivains comme Burke; mais la plupart ne l'étaient pas, et il ne reste d'eux aucun témoignage à la hauteur de leur réputation. D'ailleurs, le meilleur est perdu — l'intensité de vie du moment. Mais les conditions de l'éloquence existent toujours. Elle disparaît toujours des lieux célèbres, et apparaît dans les endroits obscurs. Partout où les électricités contraires se rencontrent, partout où le sentiment moral dans sa fraîcheur, l'instinct de la liberté et du devoir, se trouvent en opposition directe avec l'esprit conservateur fossile et la soif du gain, l'étincelle jaillit. Dans ce pays, la lutte contre l'esclavage a été une fertile pépinière d'orateurs. La liaison naturelle en vertu de laquelle elle a attiré à soi tout un cortège de réformes morales, et la faible mais suffisante organisation de parti qu'elle a présentée, ont fortifié les villes du sang nouveau des bois et des montagnes. Des hommes du désert, des Jean-Baptiste, des Pierre l'Hermite, des John Knox, annoncent au cœur des capitales commerçantes les sentiments primitifs de la nature. Ils nous envoient tous les ans quelques échantillons de force indigène, quelque homme de chêne résistant que la populace ne peut réduire au silence, ni insulter, ni intimider, parce qu'il est encore plus peuple qu'elle — un homme qui malmène la populace — quelque campagnard vigoureux sur qui ni l'argent, ni la politesse, ni les mots durs, ni les œufs pourris, ni les coups, ni les pierres ne produisent de l'effet. Il peut se rencontrer avec les beaux-esprits et les fier-à-bras, de cabaret; il est lui-même un bel esprit et un fier-à-bras, et quelque chose de plus : c'est un « gradué » de la charrue, de la houe et de la serpe ; il connaît tous les secrets des marais et des bancs de neige, et le labeur, la pauvreté, le pénible travail de la ferme n'ont rien à lui apprendre. Son rude cerveau a passé durant l'enfance par la discipline du Calvinisme, avec textes et mortifications à l'appui, de sorte que dans une réunion d'auditeurs de la Nouvelle-Angleterre, il représente un spécimen de la Nouvelle-Angleterre plus pur qu'aucun d'eux, et lance ses sarcasmes de droite et de gauche. Il n'a pas seulement les documents en poche pour répondre à toute contestation et prouver toutes ses assertions, mais il a en son esprit la raison éternelle. Un tel homme renonce dédaigneusement à vos institutions sociales — comté, ville, gouvernement, ou armée — il est sa propre maison et son artillerie, son juge et son jury, son pouvoir législatif et exécutif. Il a appris sa leçon à une rude école. Toutefois, si l'élève a l'étoffe voulue, la meilleure Université que l'on puisse recommander à un homme, c'est la lutte avec les foules.

Celui qui veut parvenir à la maîtrise dans cette science de la persuasion doit placer l'essentiel de l'éducation non dans les disciplines courantes, mais dans le caractère et la pénétration. Qu'il veille à ce que son discours ne se différencie pas de l'action ; qu'il comprenne que quand il a parlé, il n'a rien fait, ni fait aucun mal, mais s'est ceint les reins, s'est engagé à l'effort salutaire. Qu'il envisage l'opposition comme une opportunité. On ne peut le vaincre ni le supprimer. Il y a en lui un principe de résurrection, l'immortalité de l'idée. Les hommes se montrent défavorables et hostiles, pour donner de la valeur à leurs suffrages. Si les gens ne sont pas convaincus, la faute n'en est pas à eux, mais à lui qui ne sait pas les convaincre. Muni comme il l'est de la raison et de l'amour qui sont aussi le fond de leur nature, il devrait les façonner. Il n'a pas à neutraliser leur opposition, mais à les convertir en apôtres ardents, en annonciateurs de la même sagesse.

Le point de vue le plus haut où l'éloquence puisse se placer, c'est celui du sentiment moral. C'est ce que l'on appelle la vérité affirmative, et elle a la vertu de fortifier l'auditeur ; c'est lui donner une suggestion de notre éternité que de lui faire sentir qu'on s'adresse à lui sur un terrain qui restera quand tout le reste aura disparu, et où ne se trouve aucune trace de temps, de lieu ou de parti. Tout ce qui est hostile est vaincu en présence de ces sentiments ; le plus endurci éprouve leur majesté. On peut remarquer qu'aussitôt qu'un individu agit pour les masses, le sentiment moral veut et doit entrer en ligne de compte, veut et doit agir ; et les hommes les moins habitués à y recourir y font invariablement appel quand ils s'adressent aux nations. Napoléon, lui-même, est obligé de l'accepter, et de s'en servir comme il le peut.

Le pouvoir le plus élevé n'appartient qu'à ces simples mouvements — alors qu'une faible main humaine touche de point en point les poutres et les charpentes sur lesquelles repose tout l'édifice de la Nature et de la société. Dans cette mer agitée d'illusions, nous sentons le diamant sous nos pieds ; dans ce royaume du hasard, nous trouvons un principe de permanence. Car je n'accepte pas cette définition d'Isocrate, d'après laquelle le rôle de l'éloquence est de rendre ce qui est grand, petit, et ce qui est petit, grand; mais j'estime que le moment où l'art atteint à sa perfection, c'est celui où, à travers tous les déguisements, l'orateur voit les balances éternelles de la vérité, de sorte qu'il peut résolument présenter aux yeux de l'homme les faits d'aujourd'hui évalués à leur juste mesure, rendant par là grand ce qui est grand, et petit ce qui est petit — véritable manière d'étonner et de réformer l'humanité.

Tous les grands orateurs du monde ont été des hommes graves, s'appuyant sur cette réalité. Les philosophes du temps de Démosthène ont remarqué une pensée qui se retrouve à travers tous ses discours — à savoir, que « la vertu s'assure son propre succès ». « S'appuyer sur soi-même », voilà, remarque Heeren, le thème des discours de Démosthène, aussi bien que de ceux de Chatham.

Comme tous les autres arts, l'éloquence repose sur les lois les plus exactes et les plus précises. C'est le discours supérieur de l'âme supérieure. On peut la regarder comme le signe de tout ce qu'il y a de grand et d'immortel dans l'esprit. Si elle ne devient pas ainsi un instrument, mais aspire à être quelque chose par elle-même, à briller pour s'exhiber, elle est fausse et sans force. Dans son exercice légitime, c'est une puissance élastique, inépuisable — qui l'a sondée? qui l'a appréciée? — elle s'élargit avec l'extension de nos intérêts et de nos sentiments. Tout en tenant compte de ce qui pouvait aider à son acquisition, tout en ne jugeant aucun labeur trop pénible s'il pouvait en quelque manière contribuer à son progrès — ressemblant par là au célèbre guerrier arabe qui portait dix-sept armes à sa ceinture, et dans le combat personnel usait de toutes à l'occasion — les grands maîtres tenaient tous les moyens pour secondaires, et ne permettaient jamais à aucun talent — ni à la voix, à l'harmonie ou au don poétique, ni aux anecdotes ou aux sarcasmes — de se produire pour faire de l'effet; mais c'étaient des hommes graves, qui préféraient leur intégrité à leur talent, et estimaient que la cause pour laquelle ils travaillaient, que ce fût la prospérité de leur pays, les lois, une réforme, la liberté de la parole ou de la presse, la littérature ou la morale, était au-dessus du monde entier, et au-dessus d'eux-mêmes.

LA VIE DOMESTIQUE

LA VIE DOMESTIQUE

En ce qui concerne les enfants, on s'accorde aisément à reconnaître l'excellence de la Providence. La puissance qui prend soin de protéger la semence de l'arbre sous une cosse épaisse et une gaine pierreuse, donne à la plante humaine le sein de la mère et la maison du père. La taille du poussin est plaisante, et sa faiblesse touchante et délicate est parfaitement compensée par le regard protecteur de la mère, qui est pour lui une sorte de Providence à laquelle il peut se fier pleinement. Bienvenu pour les parents est ce petit lutteur, fort dans sa faiblesse, avec ses petits bras plus irrésistibles que ceux du soldat, ses lèvres douées d'une persuasion que Chatham et Périclès à l'âge d'homme n'ont jamais possédée. Ses franches lamentations quand il élève la voix au diapason aigu, ou — spectacle plus prenant — quand il sanglote, le visage ruisselant de larmes, et essaie d'avaler sa mortification, ouvrent tous les cœurs à la pitié, et à une joyeuse et bruyante compassion. Le petit despote demande si peu que toute la raison et la nature sont de son côté. Son ignorance a plus de charme que toute la science, et ses petites transgressions sont plus captivantes que n'importe quelle vertu. Sa chair est une chair d'ange, toute vie, toute sensibilité. « L'enfance », disait Coleridge, « montre le corps et l'esprit ne faisant qu'un : le corps est tout animé. » Toute la journée, entre ses trois ou quatre sommes, il roucoule comme un pigeon domestique, bredouille, s'agite, prend des airs d'importance, et quand il jeûne, le petit Pharisien ne manque pas de sonner la trompette devant lui. A la clarté de la lampe, il fait ses délices des ombres sur le mur ; à la lumière du jour, du jaune et du pourpre. Portez-le au dehors — le voilà subjugué par la lumière et l'étendue des choses, et il reste silencieux. Puis, il commence bientôt à se servir de ses doigts, et fait l'apprentissage de la force, leçon de sa race. D'abord, cette activité se manifeste sans grand dommage par des goûts architecturaux. A l'aide de morceaux de bois, de bobines, de cartes, de pièces du jeu de dames, il construit sa pyramide avec la gravité de Pallade. Avec un appareil acoustique fait de sifflets et de hochets, il expérimente les lois du son. Mais surtout, comme ses compatriotes plus âgés, le jeune Américain étudie des modes de transports nouveaux et plus rapides. Se défiant de la capacité de ses petites jambes, il désire chevaucher sur le cou et les épaules de toute créature vivante. Rien ne peut résister à ce petit magicien — ni la supériorité de l'âge, ni le sérieux du caractère ; oncles, tantes, grands-pères, grand'mamans, lui sont une proie facile : il ne se soumet à personne, et tous se soumettent à lui ; tous gambadent, lui font des mines, babillent et gazouillent. Il chevauche sur les épaules les plus fortes, et tire les cheveux aux têtes couronnées de lauriers.

« L'enfance », dit Milton, « montre l'homme comme le matin montre le jour. » L'enfant représente aux hommes leurs expériences premières, et supplée ainsi à une lacune de notre éducation, nous rend capables de revivre l'histoire inconsciente avec une sympathie si vive, qu'elle en fait presque une expérience personnelle.

Rapidement — presque trop rapidement pour la curiosité attentative des parents contemplant le charme des boucles, des fossettes et des mots estropiés — le petit parleur devient un jeune garçon. Il marche quotidiennement au milieu de merveilles : le feu, la lumière, les ténèbres, la lune, les étoiles, les meubles de la maison, le cheval d'étain rouge, les domestiques, qui comme de rudes nourrices, sympathisent avec lui et l'élèvent, les visages qui réclament ses baisers, l'absorbent à tour de rôle; cependant, ardent, gai, et de bon appétit, le petit souverain les subjugue sans le savoir; la science nouvelle entre dans la vie du présent et devient un moyen d'en acquérir davantage. La rose épanouie est un événement nouveau; le jardin plein de fleurs est de nouveau le Paradis pour le petit Adam; la pluie, la glace, la gelée, font époque dans son existence. Quelle fête est la première neige où l'on permet à « Deux-petits-Souliers » d'aller dehors!

Quel art pourra dans l'avenir peindre ou embellir les objets avec cet éclat que la Nature donne aux premières bagatelles de l'enfance! Saint-Pierre ne peut avoir sur nous le pouvoir magique que possédait la couverture rouge et or de notre premier livre d'images. Comme, même à présent, l'imagination s'attache aux éclatantes splendeurs de ces choses de clinquant! Comme chaque journée lumineuse et brève est un plaisir pour le gentil débutant! La rue est aussi vieille que la Nature ; les personnes ont toutes un caractère sacré. Sa vie imaginative pare les choses de leurs plus riches vêtements. Ses craintes décorent de poésie les parties obscures. Il a entendu parler de chevaux sauvages et de mauvais garçons, et avec un agréable sentiment de terreur il guette à la porte le passage de ces variétés de chaque espèce. La première chevauchée dans la campagne, le premier bain dans l'eau courante, les premiers patins qu'il chausse, le premier jeu en plein air au clair de lune, les livres de la « nursery », sont de nouvelles pages de bonheur. *Les Divertissements des Nuits arabes*, *Les Sept Champions du Christianisme*, *Robinson Crusoé*, et le *Voyage du Pèlerin* — quelles mines de pensées et d'émotions, quel vestiaire pour habiller le monde entier ne trouve-t-on pas dans ces encyclopédies du jeune âge! Et ainsi, grâce à de beaux exemples qui, bien que dépourvus d'art, semblent les chefs-d'œuvre de la sagesse, provoquant l'amour, veillant sur lui et l'éduquant, le petit pèlerin poursuit à travers la nature le voyage qu'il a si agréablement commencé. Il grandit, ornement et bonheur de la maison qui retentit de sa joie, de sa fraîche jeunesse.

La maison est le foyer de l'homme, aussi bien que de l'enfant. Les événements qui s'y produisent sont plus près de nous et nous touchent davantage que ceux que les Sénats et les Académies approfondissent. Les événements domestiques nous regardent certainement. Ce que l'on appelle les événements publics peuvent être notre affaire ou ne pas l'être. Si quelqu'un désire s'initier à l'histoire réelle du monde et à l'esprit de l'âge présent, il ne doit pas aller d'abord à la salle des États ou au Tribunal. C'est en des choses plus proches qu'il faut chercher l'esprit subtil de la vie. C'est ce qui se fait et se souffre dans la maison, la constitution, le tempérament, l'histoire individuelle, qui a pour nous l'intérêt le plus grand. La réalité vaut mieux que la fiction, si seulement nous pouvions avoir la réalité pure. Croyez-vous que de belles phrases ou un conte pourraient vous détourner de la sagace bohémienne qui dirait sur-le-champ le destin réel de l'individu, réconcilierait votre caractère moral et votre histoire physiologique, expliquerait vos malheurs, vos fièvres, vos dettes, votre tempérament, vos habitudes de pensée, et qui, en chaque explication, ne vous séparerait pas de l'ensemble, mais vous unirait à lui? N'est-il pas évident que ce n'est point dans les Sénats, les Tribunaux, ou les Chambres de Commerce, mais au foyer qu'il faut étudier le caractère du temps présent et ses espérances? Assurément, ces faits sont plus difficiles à interpréter. Opérer un recensement, calculer en mètres carrés l'étendue d'un pays, ou critiquer sa constitution, ses livres, ses arts, est chose plus aisée que d'aborder les hommes et leurs demeures, et de lire dans leur genre de vie leur caractère et leurs espérances. Cependant nous planons sans cesse autour de cette divination supérieure. Sous une forme ou une autre, nous y revenons toujours. La physiognomie et la phrénologie modernes sont des procédés assez grossiers et mécaniques, mais ils reposent sur des fondements éternels. Nous sommes certains que la forme sacrée de l'homme ne se voit pas en ces masques bizarres, pitoyables et sinistres (masques que nous portons et rencontrons), ces corps boursouflés ou ratatinés, ces têtes chauves, ces yeux en boule, cette respiration courte, ces pauvres santés précaires, et ces morts prématurées. Nous vivons ruines au milieu de ruines. Les grands faits sont ceux qui sont près de nous. L'explication du corps doit se chercher dans l'esprit. L'histoire de vos destins est d'abord écrite dans votre vie.

Quittons donc la place publique, et pénétrons dans l'enceinte domestique. Voyons le salon, les propos de table, et les dépenses de nos contemporains. Vous dites qu'une conscience plus vive de l'âme caracérise l'âge présent. Voyons si elle a ordonné les atomes non seulement à la circonférence, mais au centre. La maison obéit-elle à un principe? Voyez-vous l'homme — sa constitution, son génie, et ses aspirations — dans son administration domestique? Est-elle transparente, pleinement éclairée? Il ne devrait y avoir rien de déconcertant ni de conventionnel dans l'administration domestique, mais le génie et les sentiments de l'homme devraient se manifester si visiblement en tous ses biens, que celui qui les connaîtrait pourrait lire son caractère dans sa propriété, ses terres, ses ornements, chacune de ses dépenses. L'argent d'un homme ne devrait pas suivre la direction de l'argent de son voisin, mais représenter à ses yeux les choses dont il use le plus volontiers. Je ne suis pas une chose et mes dépenses une autre. Mes dépenses, c'est moi. Que nos dépenses et notre caractère soient deux choses différentes, voilà le vice de la société.

Dans les boutiques et aux étalages, nous demandons le prix de beaucoup de choses; mais il en est que chacun achète sans hésitation, ne serait-ce que des timbres au bureau des postes, des billets de transport par voiture ou bateau, des outils pour son travail, des livres écrits pour sa situation, etc. Que l'homme n'achète pas autre chose que ce dont il a besoin, ne souscrive jamais à une œuvre sur les instances d'un autre, ne donne jamais à contre-cœur. Ainsi un scholar est une pierre angulaire de la Littérature. Ses dépenses sont pour Aristote, Fabricius, Érasme, et Pétrarque. Ne lui demandez pas d'aider de ses économies de jeunes drapiers ou épiciers à monter leur magasin, ou des agents pleins de zèle à influencer le Parlement, ni de se joindre à une société pour construire une factorerie ou un bateau de pêche. Il faut aussi que ces choses se fassent, mais non par des hommes comme lui. Comment une œuvre telle que les Dialogues de Platon aurait-elle pu nous arriver, si ce n'est grâce aux épargnes sacrées des scholars et à l'usage idéal qu'ils en ont fait?

Un autre individu a le génie de la mécanique, est un inventeur de métiers à tisser, un constructeur de vaisseaux — une pierre angulaire de constructions navales — et ne mènerait rien à bien s'il se dépensait en livres et en chevaux. Un autre est un fermier — une pierre angulaire de l'agriculture — un autre est chimiste, et la même règle s'applique à tous. Nous ne devons pas chercher à éblouir avec notre argent, mais dépenser de bon cœur, et tendre *en haut* dans nos achats, non *en bas*.

J'ai peur que, envisagées à ce point de vue, nos maisons n'aient point d'unité, et n'expriment point une pensée supérieure. Le foyer, les occupations, les amitiés de l'individu ne sont pas homogènes. Sa maison devrait manifester honnêtement son sentiment de ce qui constitue pour lui le bien-être quand il se repose parmi les siens, en laissant de côté toute affectation, tout compromis, et même tout effort de volonté. Il apporte chez lui les différentes commodités et les ornements qui l'ont tenté durant des années, et l'on doit y voir son caractère. Mais quelle est l'idée qui prédomine dans nos maisons ? Le succès d'abord, ensuite l'agrément et le plaisir. Enlevons les toits de rue en rue, et nous trouverons rarement le temple de quelque divinité supérieure à la Prudence. C'est en matière de propreté, de ventilation, d'hygiène, de décorum, dans les moyens et inventions innombrables du confort, dans l'art de concentrer en toutes les demeures les produits de chaque climat, que la vie domestique a fait des progrès. Elle est organisée en vue d'avantages inférieurs. Les maisons des riches sont des boutiques de pâtisserie où l'on nous sert des gâteaux et du vin ; les maisons des pauvres sont, dans la mesure de leur savoir-faire, une copie de celles des riches. Avec ces fins en vue, la tenue d'une maison n'a rien d'aimable ; elle ne réconforte et n'élève ni le mari, l'épouse et l'enfant, ni l'hôte et le convive ; elle accable les femmes. Tenir une maison en vue de la Prudence est un labeur sans joie ; tenir une maison en vue du faste est œuvre impossible à tous, sauf à un petit nombre de femmes, et elles paient chèrement leurs succès.

Si nous examinons la question de près, la chose devient hasardeuse. Il nous faut toute la force d'un principe pour soulever ce fardeau ; car la richesse et la multiplication des commodités nous sont un embarras, particulièrement dans les pays du Nord. La plus brève énumération de nos besoins dans ce rude climat nous épouvante par la quantité de choses malaisées à accomplir. Et si l'on considère la multitude des détails, on dira : Bien tenir une maison est impossible ; l'ordre est chose de trop de valeur pour séjourner avec les hommes et les femmes. Dans les familles où il y a à la fois du goût et des ressources, voyez à quel prix on maintient exactement tel ou tel point favori. Si, par exemple, on s'occupe beaucoup des enfants, s'ils sont bien vêtus, bien nourris, bien surveillés, maintenus en un bon entourage, envoyés à l'école, et suivis à la maison par les parents — alors, l'hospitalité souffre ; on s'occupe moins attentivement des amis, et la table quotidienne est moins bien pourvue. Si les repas sont prêts à l'heure, les chambres sont sales. Si les tentures et le linge sont propres et élégants, si l'on est bien meublé, la cour, le jardin, les barrières sont négligées. Si tout est bien entretenu, alors il faut que le maître et la maîtresse de maison s'occupent des détails aux dépens de leurs talents propres et de leur développement — c'est-à-dire que les personnes sont traitées comme des choses.

Les difficultés à surmonter doivent être admises sans restrictions. Elles sont grandes et nombreuses, et l'on n'en vient pas à bout en critiquant ou en corrigeant les détails un à un, mais seulement en organisant le foyer en vue d'un but supérieur à ceux pour lesquels nous construisons et installons d'ordinaire nos maisons. Est-il une calamité plus grave, et qui fasse plus appel aux volontés bonnes pour être supprimée, que la suivante ? — aller de pièce en pièce et ne pas voir la beauté ; ne trouver aucun but chez ceux qui y vivent ; n'entendre qu'un bavardage sans fin et vide ; être obligé de critiquer ; n'écouter que pour se sentir en désaccord et éprouver du dégoût ; ne rien trouver qui fasse appel à ce qu'il y a de bon en nous-mêmes, ou qui puisse recevoir les pensées sages ; — c'est là un grand prix à payer pour le pain blanc et l'appartement chauffé — être frustré du calme, des pensées réconfortantes, et de la présence intérieure de la beauté.

Que pour réaliser notre conception du bien-être domestique, il soit aujourd'hui nécessaire d'avoir de la fortune, voilà qui accuse suffisamment notre manière de vivre, et doit certainement nous rendre attentifs à tout réformateur bien intentionné. Donnez-moi des ressources, dit l'épouse, et votre intérieur ne choquera pas votre goût et ne vous fera pas perdre de temps. En entendant ces paroles, nous comprenons comment ces Ressources ont pris dans le monde une telle importance. Et en vérité l'amour de la richesse semble croître principalement sur la tige de l'amour du Beau. On ne désire pas l'or pour l'or lui-même. Ce n'est pas l'amour d'une abondance de froment, de laine et d'objets de ménage. Il est l'instrument de la liberté et de la générosité. Nous méprisons les expédients ; nous désirons l'élégance et la munificence ; nous désirons au moins ne faire peser aucune privation ou épargne sur nos parents, les membres de notre famille, nos convives, ceux qui dépendent de nous ; nous désirons jouer un rôle de bienfaiteur et de prince vis-à-vis de nos concitoyens, de l'étranger qui est à nos portes, du barde ou de la beauté, de l'homme ou de la femme de valeur qui descendent à notre seuil. Comment le faire si les besoins de chaque jour nous emprisonnent en des besognes lucratives, et nous contraignent à une vigilance continuelle, de peur d'être entraînés à la dépense?

Donnez-nous la richesse, et le foyer existera. Mais c'est là une imparfaite et misérable solution du problème. « *Donnez-nous la richesse!* » Vous demandez trop. Peu de gens ont de la fortune, mais tous doivent avoir un foyer. Les gens ne naissent pas riches; et en travaillant à faire fortune, l'homme est généralement sacrifié, et souvent sacrifié sans s'être finalement enrichi. D'ailleurs, ce ne peut être la réponse juste — la richesse soulève des objections. La fortune est un expédient. Le sage compte sur lui-même, et non sur des ressources inférieures. Tout notre emploi de la richesse a besoin d'être revisé et réformé. La générosité ne consiste pas à donner de l'argent ou ce qui vaut de l'argent. Ces soi-disant *biens*, ne sont que l'ombre du bien. Donner de l'argent à un être qui souffre, ce n'est qu'une échappatoire. Ce n'est qu'une manière d'ajourner le paiement réel, un présent pour acheter le silence — un système de crédit dans lequel une promesse écrite de payer tient lieu pour l'instant du paiement lui-même. Nous devons aider l'homme par des choses plus élevées que la nourriture et le feu. Nous devons l'homme à l'homme. S'il est malade, s'il est incapable, d'un esprit vulgaire et odieux, c'est parce que toute une partie de sa nature lui est fermée. Il faudrait le visiter dans sa prison en repoussant les esprits mauvais, en lui donnant un encouragement viril, sans lui faire de vulgaires offres de condoléances parce que vous n'avez pas d'argent, ou de vulgaires offres d'argent comme le plus grand des biens, mais en lui apportant votre héroïsme, votre pureté, et votre foi. Vous devez avoir avec vous cet esprit qui est sagesse, santé, faculté de s'aider soi-même. Lui offrir de l'argent à la place, c'est lui faire la même injure que le fiancé offrant à la jeune fille à qui il s'était engagé une certaine somme pour s'affranchir de sa promesse. Les grands comptent sur leur cœur, non sur leur bourse. Comme les diamants, le génie et la vertu sont plus beaux quand ils sont simplement enchâssés — enchâssés dans le plomb, dans la pauvreté. Le plus grand homme de l'histoire a été le plus pauvre. Comment faisaient les capitaines, les sages de la Grèce ou de Rome, un Socrate, un Épaminondas? Aristide fut nommé receveur général de la Grèce, avec charge de recueillir le tribut que chaque État devait payer contre les Barbares. « Pauvre il était quand il entra dans ses fonctions », nous dit Plutarque, « et plus pauvre encore quand il en sortit. » Comment vivaient Paul-Émile et Caton? Comment était le foyer de saint Paul et de saint Jean, de Milton et de Marvell, de Samuel Johnson, de Samuel Adams à Boston, ou de Jean-Paul Richter à Bayreuth?

Il me paraît évident que la réponse des foules et des temps : « Donnez-nous la richesse, et la maison sera bien tenue, » est vicieuse, et laisse la difficulté intacte. Elle vaut certainement mieux sous cette forme : « Donnez-nous votre travail, et le foyer commencera. » Je ne vois pas comment on peut se dispenser d'un travail de tous les jours, et de chaque jour; et en ce qui concerne le travail manuel, bien des choses indiquent dans l'opinion et les faits une révolution qui peut apporter beaucoup d'aide à la question pratique que nous agitons ici. Il se peut qu'en un autre âge, le travail du monde soit plus équitablement réparti entre tous les membres de la société, de sorte qu'un petit nombre d'heures de travail suffisent aux besoins de l'homme, et ajoutent à sa force. Mais la réforme qui s'applique à la tenue de la maison ne doit pas être particlle. Elle doit redresser tout le système de notre vie sociale. Elle doit briser les castes, et placer le service domestique sur une autre base. Elle viendra lorsque chacun acceptera véritablement sa vocation propre, choisie non par les amis ou les parents, mais par le génie même de l'individu, avec sérieux et amour.

Et cette réforme n'est pas aussi désespérée qu'elle le paraît. Assurément, si nous commençons par amender les détails de notre système actuel, corrigeant quelques maux et laissant subsister les autres, nous y renoncerons bientôt, de désespoir. Car nos habitudes sociales sont très loin de la vérité et de l'équité. Mais le moyen de mettre la cognée à la racine de l'arbre, c'est d'avoir une fin plus haute. Comprenons donc que par toute son organisation, une maison doit témoigner que la culture humaine est le but en vue duquel elle a été construite et ornée. Elle existe sous le soleil et les étoiles pour des fins analogues aux leurs, et non moins nobles. Elle n'existe pas pour le plaisir; elle n'existe pas pour le repos; mais le pin et le chêne descendront joyeusement de la montagne pour soutenir le toit de l'homme aussi fidèle et aussi utile qu'eux, pour être l'abri constamment ouvert aux bons et aux justes — la demeure où brille la sincérité, où les fronts sont toujours tranquilles, où les manières ne peuvent être agitées; la demeure où les êtres savent ce dont ils ont besoin, et ne demandent pas à votre maison comment la leur doit être tenue. Ils ont un but : ils ne peuvent s'arrêter à des bagatelles. Ce n'est point des questions de repas que relève l'ordonnance d'une telle maison, mais le savoir, le caractère, l'activité y absorbent tant de vie et donnent tant de jouissances, que la salle à manger cesse d'y être l'objet d'une attention trop minutieuse. Le changement de but a entraîné le changement de toute la balance où se pèsent d'ordinaire les hommes et les choses. La richesse et la pauvreté y sont estimées à leur juste valeur. On commence à voir que les pauvres sont ceux qui ont de pauvres sentiments, que la pauvreté consiste à sentir pauvrement. Pesés dans la vraie balance, ceux que nous appelons riches, et parmi eux les plus riches, seraient indigents et misérables. Les grandes âmes nous font sentir, avant tout, combien les circonstances importent peu. Elles éveillent aux perceptions supérieures, et triomphent des habitudes vulgaires du confort et du luxe; les perceptions supérieures trouvent leur objet partout; ce ne sont que les habitudes inférieures qui ont besoin de palais et de festins.

Que l'homme dise donc : Ma maison existe pour la culture de notre entourage — elle devra être pour les voyageurs la maison où l'on dort et où l'on mange, mais beaucoup plus encore. Je vous en prie, ô excellente épouse, ne nous mettez pas dans l'embarras, vous et moi, pour offrir à cette femme ou à cet homme qui sont descendus à notre porte un dîner d'apparat, ou une chambre à coucher préparée à un prix trop coûteux. S'ils tiennent à de pareilles choses, ils peuvent les avoir pour un dollar en n'importe quel village. Mais que, s'il le veut, dans vos regards, votre accent, votre attitude, cet étranger puisse lire votre cordialité et votre empressement, votre bonne pensée et votre bon vouloir, choses qu'on ne peut acheter à aucun prix dans n'importe quelle cité, et pour lesquelles on peut bien parcourir cinquante kilomètres, dîner pauvrement et coucher sur la dure. Sans doute, il faut que la table soit mise et le lit fait pour le voyageur ; mais il ne faut pas que l'importance de l'hospitalité réside en ces choses. Gloire à la maison où la simplicité va presque jusqu'à la privation, de sorte que l'intelligence reste éveillée et lit les lois de l'univers, l'âme adore la vérité et l'amour, la dignité et la courtoisie se répandent en tous les actes !

Il n'y a jamais eu un pays au monde qui puisse montrer cet héroïsme aussi aisément que le nôtre ; il n'est pas d'État qui ait jamais pourvu de manière aussi efficace à l'éducation populaire, et où les jouissances intellectuelles soient si à la portée de la jeunesse ambitieuse. Le fils de l'homme pauvre a de l'éducation. Dans chaque ville, chaque grande cité, il est nombre d'humbles demeures où le talent, le goût, et quelquefois le génie, cohabitent avec la pauvreté et le travail. Qui n'a vu, et qui peut voir sans émotion, sous un humble toit, les jeunes garçons zélés et timides remplissant comme ils le peuvent leurs tâches domestiques, se hâtant d'aller dans la salle étudier les impitoyables leçons du lendemain, et dérobant toutefois quelques moments pour lire un nouveau chapitre du roman que la tolérance du père et de la mère a laissé introduire avec peine — expiant la chose par quelque passage de Plutarque ou de

Goldsmith ; qui n'a vu la chaude sympathie avec laquelle, dans la cour de l'école, la grange ou le hangar, ils s'enthousiasment mutuellement de fragments de poèmes ou de chansons, de phrases du dernier discours, ou d'imitations de l'orateur ; la critique juvénile des sermons, le Dimanche ; les passages récités en classe fidèlement répétés au logis, quelquefois pour la plus grande fatigue, quelquefois pour la plus grande admiration des sœurs ; les premières joies solitaires de la vanité littéraire quand, assis en haut de la maison, on a achevé la traduction du thème ; la comparaison attentive des affiches attirantes annonçant l'arrivée de Macready, de Booth ou de Kemble, ou le discours d'un orateur fameux, avec l'indication des prix d'entrée ; la joie affectueuse avec laquelle ils accueillent le retour de chacun d'eux, après les séparations prématurées qu'exigent l'École ou les affaires ; la prévoyance avec laquelle, durant ces absences, ils amassent pour l'esprit et l'imagination des autres le miel qui s'offre à l'occasion, et la joie sans contrainte avec laquelle ils se déchargent de leurs jeunes trésors intellectuels quand les vacances les ramènent de nouveau ensemble ? Quelle est la force qui les retient ? C'est la main de fer de la pauvreté, de la nécessité, de l'austérité ; c'est elle qui, en les excluant des plaisirs sensuels qui vieillissent prématurément les autres enfants, a dirigé leur activité en des voies sûres et droites et en a fait, en dépit d'eux-mêmes, des êtres qui révèrent le beau, le grand, et le bien. Ah ! jeunes gens à courte vue étudiant les livres, la Nature, et l'homme ! trop heureux s'ils pouvaient connaître leurs avantages ! Ils soupirent après le moment où ils seront affranchis de ce joug léger de la famille ; ils soupirent après les beaux habits, les promenades à cheval, le théâtre, la liberté prématurée et le droit à la dissipation, dont les autres jouissent. Malheur à eux si leurs désirs se réalisaient ! Les anges qui habitent avec eux, et qui tressent des lauriers de vie pour leurs fronts juvéniles, sont le Travail, la Pauvreté, la Vérité, et la Confiance mutuelle.

En matière de véritable économie, on peut sur bien des points apprendre une leçon réconfortante du genre de vie et des coutumes des anciens Romains, tels que Pline le Jeune nous les retrace dans ses lettres. Je ne peux résister à la tentation de citer un exemple aussi connu que celui de la maison de Lord Flakland, d'après Clarendon : « Sa maison n'étant qu'à un peu plus de dix milles d'Oxford, il entra en relations amicales et intimes avec les hommes les plus courtois et de savoir le plus solide de l'Université, qui trouvèrent en lui une telle finesse, une telle solidité de jugement, une imagination si vaste disciplinée par le raisonnement le plus logique, des connaissances d'une étendue telle qu'aucun sujet ne lui était étranger — tout cela joint cependant à une modestie excessive comme s'il n'avait rien su — qu'ils recoururent souvent à lui et demeurèrent avec lui, comme dans un Collège situé en une atmosphère plus pure ; de sorte que sa maison était une Université en petit, où ils venaient non pas tant pour se reposer que pour étudier, examiner et épurer ces jugements grossiers que la paresse et l'esprit d'acquiescement rendent courants dans la conversation ordinaire. »

J'honore l'homme dont l'ambition n'est pas de gagner des lauriers dans l'armée ou le Gouvernement, d'être un juriste, un naturaliste, un poète ou un chef, mais d'être un maître dans l'art de vivre et de bien remplir les devoirs de maître ou de serviteur, de mari, de père et d'ami. Mais c'est chose qui exige une capacité aussi étendue que les autres fonctions — autant, ou plus — et la raison de l'insuccès est la même. J'estime que le vice de nos intérieurs, c'est que l'homme n'y est pas tenu pour sacré. Le vice du Gouvernement, le vice de l'éducation, le vice de la religion, ne fait qu'un avec celui de la vie privée.

Dans les anciennes légendes, il était question d'un manteau apporté du pays des fées pour être offert à la femme la plus belle et la plus pure de la cour du Prince Arthur. Il devrait être donné à celle à qui il irait. Chacune s'empressa de l'essayer, mais il n'allait à personne : pour l'une, il était dix fois trop large, pour l'autre, il traînait par terre, et pour la troisième, il rétrécissait et n'était plus qu'une écharpe. Elles déclarèrent, naturellement, que c'était le manteau du diable; en réalité, la vérité était dans le manteau et démasquait les laideurs que chacune aurait volontiers cachées. Toutes s'en écartèrent avec terreur. L'innocente Genelas put seule le porter. De même, tous ont l'esprit muni d'une mesure de l'homme qu'ils appliquent à chaque passant. Malheureusement, pas un sur mille n'arrive à la stature et aux proportions du modèle. Celui qui mesure n'y arrive pas davantage, ni la foule des rues, ni les individus d'élite qu'il admire — les héros de l'humanité. Quand il les examine avec un esprit critique, il découvre que leurs vues sont basses, qu'ils sont trop aisément satisfaits. Il voit la rapidité avec laquelle la vie arrive à son point culminant, et l'humilité des espérances de la majorité des hommes. Peu de temps après l'âge de la formation, il arrive à tous quelque événement, quelque relation sociale, ou manière de vivre, qui est la crise de leur existence et le fait principal de leur histoire. Pour la femme, c'est l'amour et le mariage (ce qui est plus raisonnable); et cependant, il est triste de dater et mesurer tous les faits et la suite d'une vie qui évolue d'un âge aussi jeune, et généralement aussi irréfléchi, que celui des fiançailles et du mariage. Pour les hommes, c'est l'endroit où ils ont fait leurs études, le choix d'un emploi, l'installation dans une ville, un déplacement dans l'Est ou l'Ouest, ou quelque autre bagatelle grossie, qui marque le point décisif, et toutes les années et actions qui suivent n'ont d'intérêt qu'autant qu'elles s'y rapportent. Il s'ensuit que nous attrapons rapidement le tour de conversation de chacun et, connaissant ses deux ou trois expériences principales, prévoyons ce qu'il pensera de chaque sujet nouveau qui se présente. La chose est à peine moins sensible chez les hommes dits cultivés que chez les hommes sans culture. J'ai vu à des fêtes de Collège des hommes bien doués qui, dix ou vingt ans après avoir quitté les classes, semblaient revenir aussi enfants que quand ils étaient partis. Les mêmes plaisanteries les amusaient, les mêmes traits les chatouillaient; la virilité et les charges qu'ils apportaient à leur retour paraissaient de simples masques décoratifs : dessous, ce n'étaient encore que des enfants. Nous n'arrivons jamais à être citoyens du monde; nous sommes encore des villageois qui pensons que toutes les choses de notre petite cité sont un peu au-dessus de celles que l'on voit ailleurs. En chacun le fait signalé diffère; mais en tous il est l'aliment d'un égoïsme toujours entretenu. Chez l'un, c'est un voyage en mer; chez un second, ce sont les difficultés qu'il a surmontées en allant au Collège; chez un troisième, son excursion dans l'Ouest, ou son voyage à Canton ; chez un quatrième, sa séparation d'avec les Quakers; chez un cinquième, sa nouvelle diète et son régime; chez un sixième, sa sortie d'une Société pour l'abolition de l'esclavage; et pour un septième son entrée dans ladite Société. C'est une vie de jouets et de babioles. Nous sommes trop aisément satisfaits.

Je trouve que ce résultat fâcheux se manifeste dans les manières. Les hommes que nous voyons en nous regardant les uns les autres ne nous donnent pas l'image et le type de l'homme. Les hommes que nous voyons sont fouettés à travers le monde; ils sont harassés, ridés, anxieux; tous semblent le cheval de louage de quelque cavalier invisible. Comme il est rare de contempler la tranquillité! Nous n'avons pas encore vu un homme. Nous ne connaissons pas les manières majestueuses qui lui sont propres, manières qui apaisent et élèvent le spectateur. Il n'est pas d'êtres divins parmi nous, et la multitude ne s'empresse pas de devenir divine. Et cependant, durant toute notre existence, nous gardons fermement la foi en une vie meilleure, en des hommes meilleurs, en des relations pures et nobles, en dépit de notre inexpérience complète d'une humanité véritable. Certes, ce n'était pas l'intention de la Nature de produire, avec toute cette immense dépense de moyens et de forces, un résultat aussi humble et d'aussi peu de valeur. Les aspirations du cœur vers le bien et le vrai nous enseignent quelque chose de mieux — que dis-je, les hommes eux-mêmes suggèrent une meilleure façon de vivre.

Tout être individuel a sa beauté propre. En toute réunion, à tout coin du feu, quand on entend tant d'accents nouveaux, tous harmonieux, quand on voit en chacun des manières originales qui ont un charme propre et particulier, quand on lit sur les visages des expressions nouvelles, on est frappé de la richesse de la Nature. On s'aperçoit qu'elle a posé pour chacun les fondements d'un monument divin, si l'âme veut bâtir sur eux. Il n'est pas de visage, pas de forme, que l'on ne puisse associer en imagination avec une grande puissance intellectuelle ou avec la générosité d'âme. Assurément, dans notre expérience, la beauté n'est pas, comme elle devrait l'être, le partage de l'homme et de la femme aussi invariablement que l'est le sentiment. Même chez les êtres beaux, la beauté est accidentelle — ou, comme on l'a dit, n'atteint son point culminant et n'est parfaite qu'en un seul moment, avant lequel elle n'est pas encore, et après lequel elle est sur son déclin. Mais la beauté n'est jamais tout à fait absente. Chaque physionomie, chaque forme, suggère son propre état normal et sain. Nos amis ne représentent pas leur forme supérieure. Mais que les cœurs qu'ils ont émus témoignent du pouvoir qui se cache sous les contours de ces structures d'argile qui passent et repassent devant nous! L'influence secrète des formes sur l'imagination et les sentiments est au-dessus de toute notre philosophie. Le premier regard que nous rencontrons peut nous convaincre que la matière est le véhicule de forces plus élevées que les siennes, et qu'il n'est pas de lois des lignes ou des surfaces qui puisse jamais expliquer l'inépuisable pouvoir d'expression de la forme. Nous voyons des têtes qui tournent sur le pivot de l'épine dorsale — rien de plus ; et nous voyons des têtes qui semblent tourner sur un pivot aussi profond que l'axe de la terre — tant elles se meuvent paisibles, avec lenteur et majesté. Sur les lèvres de notre compagnon, nous voyons que les grands maîtres de la poésie et de la pensée sont présents à son esprit, ou qu'ils en sont absents. Nous lisons sur son front, quand nous le rencontrons après bien des années, qu'il est au point où nous l'avons laissé, ou qu'il a avancé à grands pas.

Tandis que la Nature et les indications qui nous viennent de l'homme suggèrent ainsi une vie véritable et élevée, une demeure égale à la beauté et à la grandeur de ce monde, nous apprenons la même leçon d'une manière spéciale de ces excellentes relations d'individu à individu que le cœur nous pousse toujours à nouer. Heureuse la maison où les relations viennent du caractère, de ce qu'il y a de plus haut, non de ce qu'il y a de plus bas ; la maison où ce sont les caractères qui s'épousent, et non la confusion et un mélange de motifs inavouables ! Alors le mariage est un contrat qui assure à chaque partie la douceur et l'honneur d'être pour l'autre un bienfaiteur calme, permanent, inévitable. Oui, et la réponse suffisante à faire au sceptique qui doute que l'homme ait le pouvoir d'élever et d'être élevé, réside dans ce désir et cette faculté d'entretenir avec les individus des rapports heureux et ennoblissants, d'où procèdent la foi et l'action de tous les hommes raisonnables.

L'ornement d'une maison, ce sont les amis qui la

fréquentent. Il n'est pas d'événement plus grand dans la vie que la présence de nouvelles personnes à notre foyer, si ce n'est le développement de caractère qui les attire. Landor a finement ajouté à sa définition du *grand homme* : « C'est celui qui peut réunir quand il lui plait la société la plus choisie. » Il reste une poésie de l'antique Ménandre, qui se traduit ainsi :

>C'est bien moins dans les flots de boisson écumeuse,
> Ou l'abondance des mets fins,
>— Et pourtant la Nature, hôtesse généreuse,
> Nous courtise par des festins —
>Que nous espérons voir le cœur épanoui,
>Que dans la société, dans l'ombre d'un Ami.

C'est le bonheur qui, là où il est vraiment connu, ajourne toutes les autres satisfactions, et rend la politique, le commerce, et les Églises, choses de peu de valeur. Car nous nous imaginons — n'est-il pas vrai ? — que quand les hommes se rencontreront comme ils le doivent, comme le font des États — chacun comme un bienfaiteur, une pluie d'étoiles filantes, riches d'actions, de pensées, de talents — ce sera la fête de la nature, que tout symbolise ; et peut-être l'Amour n'est-il que le plus haut symbole de l'Amitié, comme toutes les autres choses semblent les symboles de l'Amour. Dans le développement du caractère de chaque individu, ses relations avec les êtres les meilleurs, qui ne semblent d'abord que le roman de la jeunesse, acquièrent une plus grande importance ; et celui-là aura appris la leçon de la vie qui est versé dans l'éthique de l'amitié.

Par delà ces fins premières que sont les relations

conjugales, paternelles, et amicales, le foyer devrait cultiver l'amour des beaux-arts et le sentiment de la vénération.

I. Tout ce qui amène l'habitant d'une demeure à une vie plus noble, tout ce qui développe les sens de la vue, de l'ouïe, du toucher, tout ce qui le purifie et l'élargit, peut y trouver place. Et cependant qu'il ne croie pas qu'il soit nécessaire de posséder les beaux objets pour les apprécier, et n'essaie point de transformer sa maison en Musée. Que notre société adopte plutôt la noble coutume des Grecs ; que le culte et le goût des gens réunisse avec soin en des galeries les créations des arts plastiques, et qu'elles soient accessibles à tous, comme la lumière du soleil. En même temps, rappelons-nous que nous sommes nous-mêmes des artistes et que, dans la production du gracieux ou du grand, chacun est un compétiteur de Phidias et de Raphaël. Le cœur est la source du beau, et toute pensée généreuse illustre les murs de votre chambre. Pourquoi devrions-nous notre pouvoir d'attirer nos amis à des tableaux et des vases, à des camées et des bâtiments? Pourquoi nous transformerions-nous en exhibiteurs et en accessoires de nos belles maisons et de nos œuvres d'art? Si par l'esprit d'amour et de noblesse nous nous assimilons la beauté que nous admirons, nous la répandrons à nouveau autour de nous. L'homme ou la femme dont chaque geste est un sujet pour le sculpteur, et devant qui les divinités et les grâces ne semblent jamais disparues, n'ont pas besoin de l'embellissement des tableaux et des marbres; car ils portent dans leur cœur tout l'instinct de la majesté.

Je ne déprécie pas les leçons supérieures que donnent les statues et les tableaux. Mais je crois qu'un jour le Musée public de chaque ville déchargera les maisons particulières du soin de les avoir et de les exhiber. Je vais à Rome, et vois sur les murs du Vatican la Transfiguration peinte par Raphaël, et regardée comme la plus belle peinture du monde; ou, dans la Chapelle Sixtine, je vois les grandes sybilles et les prophètes peints par Michel-Ange — qui tous les jours depuis trois cents ans ont enflammé l'imagination et exalté la piété de tant de vastes multitudes d'hommes de tous les pays! Je désire rapporter à mes enfants et à mes amis des reproductions de ces figures admirables, reproductions que je peux trouver chez les marchands de gravures; mais je ne désire pas avoir l'embarras de les garder. Je désire trouver dans ma propre ville une bibliothèque, un Musée qui soit la propriété de la ville, et où je puisse déposer ce précieux trésor, où mes enfants et moi puissions le voir de temps en temps, et où il trouvera sa place parmi des centaines de dons semblables, venant d'autres citoyens qui auront apporté toute espèce d'objets leur ayant paru de nature à devenir propriété publique plutôt que propriété privée.

Une collection de ce genre, qui serait la propriété de chaque ville, l'ennoblirait, et nous en aimerions et respecterions davantage nos voisins. Il est manifeste que toute ville pourrait s'acquitter aisément de ce devoir vraiment municipal. Chacun de nous y contribuerait avec plaisir; et plus nous y prendrions plaisir, plus l'institution deviendrait importante.

II. Sans s'écarter de cet hommage rendu à la beauté, mais en stricte relation avec elle, on en viendra certainement à considérer la maison comme un Sanctuaire. Une maxime dont les formes de langage d'une époque plus rude ont doué le Droit commun, c'est que la maison de tout homme est son château : le progrès de la vérité fera de chaque maison un autel. L'homme n'ouvrira-t-il pas un jour les yeux et ne verra-t-il pas combien il est cher à l'âme de la Nature — combien elle est près de lui? Ne verra-t-il pas, à travers tout ce qu'il appelle à tort le hasard, que la Loi domine à tout jamais; que son être particulier en est une part; qu'elle réside dans les profondeurs insondées de son cœur; que son administration domestique, son travail, sa bonne et sa mauvaise fortune, sa santé, ses manières, tout est une scrupuleuse et exacte manifestation en miniature du génie de l'éternelle Providence? Quand il saisit la Loi, il cesse de se décourager. Pendant qu'il la voit, chaque pensée, chaque action s'élève, et devient quelque chose de religieux. La consécration du Dimanche est-elle un aveu de la profanation de toute la semaine? La consécration de l'Église est-elle un aveu de la profanation de la maison? Interprétons la formule à rebours. Que l'homme se tienne debout. Que la religion cesse d'être chose de circonstance, et que les mouvements d'idées qui vont jusqu'aux confins de l'univers procèdent du cœur même du Foyer.

Ce sont là les consolations — ce sont là les fins pour lesquelles on fonde le foyer, pour lesquelles le toit se dresse. Si ce sont elles que l'on recherche, et si on les atteint en quelque mesure, l'État, le commerce, le climat, le travail de beaucoup pour un seul, peuvent-ils donner quelque chose de meilleur, ou qui soit de moitié aussi bon? En dehors de ces

fins, la Société est faible et l'État, un empiétement.
J'estime que l'héroïsme qui nous ferait aujourd'hui
l'impression d'Épaminondas ou de Phocion doit être
celui d'un vainqueur domestique. Celui qui, avec
courage et élégance, saura soumettre cette Gorgone
de la Convention et de la Mode, et montrer aux
hommes comment on peut mener une vie pure,
héroïque, au milieu de l'indigence des éléments de
nos villes et de nos villages; celui qui m'enseignera
à prendre mes repas et à agir avec les hommes sans
qu'il s'en suive aucun sentiment de honte, restaurera
l'existence humaine dans sa splendeur, et rendra
son nom cher à toute l'histoire.

DE LA CHOSE RUSTIQUE

DE LA CHOSE RUSTIQUE

 L'honneur du fermier, c'est d'avoir, dans la division du travail, la fonction de créer. Toutes les occupations reposent en dernière analyse sur son activité primordiale. Il est près de la nature; il tire de la terre le pain et la viande. Les aliments qui n'existaient pas, il les produit. Le premier fermier a été le premier homme, et toute la noblesse historique repose sur la possession et l'exploitation du sol. Les hommes n'aiment point le travail pénible; mais tout homme éprouve un respect particulier pour l'agriculture, a le sentiment que c'est là le travail original de sa race, et que lui-même n'en est dispensé que par quelque circonstance qui le lui a fait résigner temporairement entre d'autres mains. S'il n'a pas quelque talent qui le rende estimable au fermier, quelque produit en échange duquel le fermier lui donnera du blé, il doit retourner lui-même à la place qui lui revient parmi les cultivateurs. Et l'agriculteur garde à tous les yeux son charme primitif, étant plus près de Dieu, cause première.
 De plus, la beauté de la nature, le calme et l'innocence de l'homme des champs, son indépendance et

ses occupations agréables — l'élevage des abeilles, de la volaille, des moutons, des vaches, le soin de la laiterie, des foins, des fruits, du verger et des forêts, et leur influence sur le travailleur à qui elles donnent une vigueur et une dignité simple, pareilles à la physionomie et à l'air de la nature — sont choses que tous les hommes reconnaissent. Tous les hommes gardent la ferme en réserve comme un asile où, en cas d'infortune, ils viendront cacher leur pauvreté — ou comme une retraite, s'ils ne réussissent pas dans le monde. Et qui sait combien de coups d'œil de remords jettent de ce côté les banqueroutiers du commerce, les plaideurs mortifiés dans les tribunaux et les sénats, ou les victimes de l'oisiveté et du plaisir! Empoisonné par l'existence et les vices de la ville, le patient se dit : « Mes enfants, à qui j'ai nui, retourneront aux champs pour se refaire et se guérir dans ce qui aurait dû être ma « nursery », et sera maintenant leur hôpital. »

Le fermier a un office précis et important, mais il ne faut pas essayer de le peindre en rose; vous ne pouvez faire de gracieux compliments à la gravitation et au destin dont il est le ministre. Il représente les nécessités de la vie. C'est la beauté de la grande économie du monde qui lui donne son caractère bienséant. Il obéit aux lois des saisons, du temps, du sol et des moissons, comme les voiles du navire obéissent au vent. Il représente les travaux forcés continuels, d'un bout de l'année à l'autre, et de maigres bénéfices. C'est un être lent, réglé sur la nature, et non sur les montres de la ville. Il marche au pas des saisons, des plantes, et de la chimie. La Nature ne se hâte jamais ; atome par atome, peu à peu,

elle accomplit son œuvre. La leçon que l'on apprend
par la pêche, le canotage, la chasse, la culture, c'est
celle des procédés de la Nature — la patience en face
du vent et du soleil, des retards des saisons, du mauvais temps, de l'excès ou du manque d'eau, la patience
en face de la lenteur de nos pieds, de la pauvreté
de nos forces, de l'étendue des mers et des terres à
traverser, etc. Le fermier se règle sur la Nature, et
acquiert cette éternelle patience qui lui est propre.
Homme lent et d'esprit étroit, son principe, c'est que
la terre doit le nourrir et le vêtir, et il lui faut
attendre que sa moisson pousse. Il doit régler ses
plaisirs, les libertés qu'il s'accorde, et ses dépenses,
sur sa position de fermier, et non sur celle d'un marchand. Il serait aussi faux pour un fermier de
dépenser sur une grande et large échelle, que pour
des États d'économiser minutieusement. Mais s'il est
ainsi gêné d'un côté, il a des avantages qui font compensation. Il est stable, s'attache à sa terre comme
le fait le roc. Dans le village où je vis, les fermes
restent aux mêmes familles durant sept ou huit
générations; et si les premiers colons (1635) reve-
naient aujourd'hui dans les fermes, beaucoup les
trouveraient aux mains des personnes de leur propre
sang et portant encore leur nom. Et il en est de
même dans les villages environnants.

Ces durs travaux seront toujours exécutés par une
sorte d'hommes; non par des théoriciens à projets, ni
par des soldats, des professeurs, ou des lecteurs de
Tennyson; mais par des hommes d'endurance — à la
poitrine solide, à la respiration longue, lents, sûrs et
ponctuels. Le fermier a une bonne santé, l'appétit
de la santé, et les moyens d'atteindre son but; il

a de vastes champs pour demeure, des bois pour allumer de grands feux, des aliments sains et en abondance; son lait, du moins, n'est pas mêlé d'eau; et quant au sommeil, il l'a à plus bas prix, et meilleur, et en plus grande quantité que les habitants des villes.

Des charges importantes lui sont confiées. Dans la grande maison de la Nature, le fermier se tient à la porte de la paneterie, et pèse à chacun son pain. C'est à lui de dire si les hommes se marieront ou non. Les mariages précoces et le nombre des naissances sont indissolublement liés à l'abondance des aliments; en d'autres termes, comme le disait Burke, « l'homme se multiplie par la bouche ». Il représente aussi le bureau de Quarantaine. Le fermier est un capital de santé accumulé, comme la ferme est un capital de richesses, et c'est de lui qu'au point de vue moral et intellectuel sont venues la santé et la force des villes. La population de la ville se recrute toujours à la campagne. Les hommes des villes qui sont les centres de l'énergie, les ressorts du commerce, de la politique ou des arts pratiques, et les femmes qui représentent la beauté et le génie, sont enfants ou petits-enfants de fermiers, et dépensent les forces que la vie dure et silencieuse de leurs pères a accumulées dans les sillons couverts de givre, la pauvreté, la nécessité et l'obscurité.

Il est un bienfaiteur continuel. Celui qui creuse un puits, édifie une fontaine de pierre, plante un bosquet d'arbres au bord de la route, ou un verger, construit une maison solide, dessèche un marais, ou ne fait que mettre un siège de pierre au bord du chemin, rend dans la même mesure le pays aimable et attrayant, crée un bien qu'il ne peut emporter avec lui, mais qui est utile à son pays longtemps après. L'homme qui cultive son jardin aide la société en général d'une façon un peu plus certaine que celui qui se consacre à la charité. S'il est vrai que ce ne sont point par les votes des partis, mais par les lois éternelles de l'économie politique, que les esclaves sont chassés d'un État esclavagiste dès qu'il est entouré d'États libres, le véritable abolitionniste est le fermier qui, sans s'occuper des constitutions et des lois, reste toute la journée aux champs, plaçant son travail dans la terre, et créant un produit avec lequel nul travail forcé ne pourrait entrer en compétition.

Nous prétendons ordinairement que l'homme riche peut dire la vérité, peut se permettre d'être honnête, peut se permettre l'indépendance des actes et des opinions — et c'est là le principe de la noblesse. Mais il s'agit de l'homme riche au sens véritable, c'est-à-dire, non de l'homme qui a de grands revenus et fait de grandes dépenses, mais seulement de l'homme dont les déboursés sont inférieurs aux ressources, et restent fermement maintenus au-dessous d'elles.

Dans les fabriques anglaises, l'enfant qui surveille le métier pour rattacher le fil lorsque la roue s'arrête afin d'indiquer qu'il est brisé, s'appelle un *minder*. Et dans cette grande fabrique qu'est notre système de Copernic, faisant aller sa machine, ramenant successivement ses constellations, ses saisons et ses marées, amenant tantôt l'époque des semailles et de l'arrosage, tantôt celle du sarclage, de la récolte, des conserves et des provisions — le fermier est le *minder*. Sa machine a des proportions colossales — le diamètre de la roue hydraulique, les bras du levier, la force de la batterie électrique, dépassent toute mesure mécanique, et il lui faut beaucoup de temps pour en comprendre les différentes parties et le fonctionnement. Cette pompe « n'avale » jamais ; cette machine ne sort jamais de ses engrenages ; la chaudière et les pistons, les roues et les bandes ne s'usent jamais, mais se réparent d'eux-mêmes.

Quels sont les serviteurs du fermier? Ce ne sont ni les Irlandais, ni les coolies, mais la Géologie et la Chimie, les mètres carrés d'air, l'eau, le ruisseau, l'éclair du nuage, les trous que font les vers, les sillons que creuse la gelée. Longtemps avant qu'il fût né, le soleil des siècles décomposait les rocs, amollissait ses terres, les imprégnait de lumière et de chaleur, les couvrait d'un tissu végétal, puis de forêts, et accumulait la mousse des marais, dont les débris forment la tourbe de ses prés.

La science a montré les grands cycles dans lesquels la nature travaille, la manière dont les plantes marines répondent aux besoins des animaux marins, comment les plantes terrestres fournissent l'oxygène que les animaux consument, et les animaux le carbone que les plantes absorbent. Ces opérations sont incessantes. La Nature travaille d'après ce principe : *tous pour chacun et chacun pour tous.* La pression exercée sur un point a son contre-coup sur chacune des arches et chacun des fondements de l'édifice. Il règne une solidarité parfaite. Vous ne pouvez détacher un atome de ce qui y est adhérent, arracher de lui l'électricité, la force de gravitation, les affinités chimiques, ou les rapports avec la lumière et la chaleur, et laisser l'atome nu. Non, il porte avec lui ses liens universels.

La Nature, comme un testateur circonspect, dispose ses biens de manière à ne pas les octroyer tous à une génération, mais a une tendresse prévoyante et une sollicitude équitable pour les hommes de demain, et pour la troisième et la quatrième générations.

Là gisent les réserves inépuisables. Les rocs éternels, comme nous les appelons, ont conservé leur oxygène ou chaux sans diminution, intégralement, comme à l'origine. Aucune particule d'oxygène ne peut s'altérer ou s'user, mais elle a la même énergie qu'au premier jour. Les bons rochers, ces serviteurs patients, disent à l'homme : « Nous gardons le pouvoir sacré comme nous l'avons reçu. Nous n'avons pas failli à notre obligation ; et maintenant — en notre journée immense, l'heure ayant enfin sonné — prenez le gaz que nous avons accumulé, mélangez-le avec l'eau, et libérez-le pour qu'il se développe dans les plantes et les animaux, et obéisse à la pensée de l'homme. »

La terre travaille pour lui ; la terre est une machine qui à chaque application de l'intelligence confère des services presque gratuits. Chaque plante est une manufacturière du sol. Le développement commence dans l'estomac de la plante. L'arbre peut emprunter à toute l'atmosphère, toute la terre, toute la masse mouvante. La plante est une pompe aspirante — puisant de toute sa force dans le sol par ses racines, dans l'air par ses feuilles.

L'air travaille pour lui ; l'atmosphère, vigoureux dissolvant, absorbe l'essence et les esprits volatils de ous les corps solides du globe — dissout en lui les montagnes. L'air est la matière volatilisée par la chaleur. Comme l'océan est le grand réceptacle de tous les fleuves, l'air est le réceptacle d'où surgissent toutes les choses, et en qui elles retournent toutes. L'air invisible et subtil prend forme et devient une masse solide. Nos sens sont sceptiques, ne se fient qu'à l'impression du moment, et ne croient pas au principe chimique d'après lequel ces énormes chaînes de montagnes sont faites de gaz et d'air mouvant. Mais la Nature est aussi avisée que forte. Elle transforme tous les jours son capital, n'agit jamais avec des sujets morts, mais des sujets vivants. Toutes les choses s'écoulent, même celles qui semblent immuables. Le diamant se transforme sans cesse en fumée. Les plantes puisent dans l'air et le sol les matériaux dont elles ont besoin. Elles sont en combustion, c'est-à-dire exhalent et décomposent leur propre corps qui retourne de nouveau à l'air et à la terre. Les animaux sont en combustion, se consument de même perpétuellement. La terre est en combustion — les montagnes sont en combustion et se décomposent — plus lentement, mais sans cesse. Il est presque inévitable de pousser la généralisation plus haut dans les domaines supérieurs de la nature, de degré en degré, jusqu'aux êtres sentants. Les Nations brûlent du feu intérieur de la pensée et du sentiment, qui détruit pendant qu'il opère. Nous trouverons des combustions plus hautes et du combustible plus noble. L'esprit est un feu : impétueux et impitoyable, il dissout ce merveilleux édifice que l'on appelle l'homme. Le Génie lui-même, étant le plus grand bien, est le plus grand mal. Et tandis que tout se consume ainsi — l'univers en un feu allumé à la torche du soleil — il faut des tempéraments perpétuels, un phlegme, un sommeil, des couches d'azote, des déluges d'eau pour arrêter la fureur de la conflagration, une accumulation pour arrêter la dépense, une force centripète pour contre-balancer la force centrifuge : et cet élément est invariablement maintenu.

Les wagons qui transportent les terres sont d'excellents auxiliaires des excavations ; mais il n'est pas de porteur pareil à la gravitation qui se chargera de n'importe quel fardeau que l'homme ne peut porter et qui, s'il a besoin d'aide, saura où trouver ses compagnons de travail. L'eau agit par masses, et prête son irrésistible concours à vos moulins ou à vos vaisseaux, ou dans ses montagnes de glace transporte d'énormes blocs de rocher à des kilomètres de distance. Mais sa puissance encore beaucoup plus grande lui vient de la propriété de se réduire, et de pénétrer dans les moindres cavités et pores. Grâce à ce facteur, portant en dissolution les éléments nécessaires à chaque plante, le monde végétal peut exister.

Mais comme je le disais, nous ne devons pas peindre le fermier en rose. Tandis que ces forces imposantes ont travaillé pour lui, et rendu sa tâche possible, il est occupé d'ordinaire de détails domestiques, et apprend l'importance des petites choses. Grande est l'influence de quelques simples dispositions ; par exemple, l'influence d'une clôture. Vous parcourez une centaine de milles dans la prairie, et trouvez à peine un bâton ou une pierre. A de rares intervalles, on a épargné une maigre plantation de chênes, et chacune d'elles est occupée depuis longtemps. Mais le fermier s'arrange pour se procurer du bois de loin, met une barrière, et immédiatement les semences poussent, et les chênes s'élèvent. Ce n'étaient que les incendies et les animaux qui les broutaient qui les avaient empêchés de croître. Plantez des arbres à fruits le long de la route, et on ne laissera jamais leurs fruits pousser. Mettez autour d'eux une barrière de bois de pins, et pendant cinquante ans leurs fruits délicats mûriront pour le propriétaire. Il y a beaucoup d'enchantement dans une barrière de châtaigniers ou une clôture de piquets de pins.

La Nature suggère quelque part tous les expédients économiques, sur une grande échelle. Plantez un pin, et il mourra la première année, ou végétera comme un fuseau. Mais la Nature laisse tomber une pomme de pin à Mariposa, et l'arbre vit plusieurs siècles, atteint trois ou quatre cents pieds de hauteur, et trente de diamètre — pousse dans un bosquet de géants, comme une colonne de Thèbes. Demandez à l'arbre comment cela s'est fait. Il n'a pas poussé sur une élévation, mais en un creux où il a trouvé un sol profond assez froid et assez sec pour le pin, s'est défendu lui-même contre le soleil en poussant en bosquets, et contre le vent grâce aux flancs de la montagne. Les racines qui se sont enfoncées le plus profondément et les rejetons les mieux exposés ont tiré leur nourriture du reste, jusqu'à ce que les moins prospères aient péri et amendé le sol pour les plus fortes, et les Sequoias géants ont atteint leurs proportions énormes. Le voyageur qui les a vus s'est rappelé son verger à la maison, où tous les ans, dans le vent destructeur, ses malheureux arbres souffraient comme la vertu persécutée. En septembre, quand les poires pendent lourdes et empruntent au

soleil leurs couleurs brillantes, arrive d'ordinaire un
coup de vent qui ravage tout le jardin, et abat les
fruits les plus lourds en monceaux écrasés. Le planteur a saisi l'idée qui lui venait des Sequoias, a
construit un mur élevé, ou — mieux encore — a
entouré le verger d'une pépinière de bouleaux et de
plantes toujours vertes. Il a eu ainsi un bassin mon-
tagneux en miniature, ses poires sont devenues de la
taille des melons, et ses vignes ont couru au-dessous
à un demi-quart de mille. Mais cet abri crée un nouveau climat. Le mur qui repousse la brise violente
repousse le vent glacé. Le mur élevé, réfléchissant
la chaleur sur le sol, donne au terrain une quadruple
portion de chaleur solaire

> Enfermant dans le jardin clos
> Un lac d'air calme et immobile,

et en fait un petit Cuba, tandis qu'à l'extérieur tout
est Labrador.

Le chimiste vient tous les ans à son aide en suivant
quelque idée nouvelle empruntée à la Nature, et
affirme que ce morne espace qu'occupe le fermier est
inutile : il concentre son potager en une caisse d'une
ou deux perches de long, met les racines dans son
laboratoire, les vignes, les tiges, les rejetons, peuvent s'étendre au dehors dans les champs ; il s'occu-
pera des racines dans sa caisse, les gorgera de la
nourriture qui leur convient. Plus son jardin est petit,
plus il peut l'alimenter, et plus abondante est la
moisson. Il nourrit ses dindons de « Thanksgiving [1] »

---

[1]. Jour d'actions de grâces publiques, fixé généralement au
dernier jeudi de novembre (T.)

de pain et de lait; de même, il repaît ses pêches et
ses raisins des aliments qu'ils aiment le mieux. S'ils
ont un penchant pour la potasse, le sel, le fer, les os
pilés, ou de temps à autre pour un cadavre de porc,
il les satisfera. Ils gardent bien le secret, et ne disent
jamais sur votre table d'où ils ont tiré leurs teintes
de soleil couchant ou leurs saveurs délicates.

Voyez ce que le fermier accomplit avec une char-
retée de tuiles : il change le climat en laissant
écouler les eaux qui par leur constante évaporation
maintenaient la terre froide, permet à la pluie chaude
de faire descendre dans les racines la température de
l'air et de la surface de la terre, et approfondit le sol,
car l'écoulement de ces eaux stagnantes permet aux
racines de pénétrer au delà du sous-sol, et accé-
lère la maturité de la récolte. La ville de Concord
est une des plus vieilles de ce pays; elle a déjà
dépassé une partie de son troisième siècle. Tous les
cinq ans les conseillers municipaux en ont parcouru
les limites, et cependant, cette année même, sans que
de nulle part s'élevât une protestation ou une plainte,
on a découvert et ajouté à la ville une grande
quantité de terrains. Par le drainage, nous avons
atteint un sous-sol que nous ne connaissions pas, et
trouvé que sous le vieux Concord, il y a un Concord
dont nous tirons aujourd'hui les meilleures récoltes;
un Middlesex sous Middlesex; nous avons trouvé
enfin que les Massachusetts ont un sous-sol de plus
de valeur que toute la superstructure, et qui promet
de rapporter un meilleur revenu. Mais, par un phénomène d'association, ces tuiles ont acquis une valeur
nouvelle. Ces tuiles sont des économistes politiques,
elles réfutent Malthus et Ricardo; ce sont autant de

jeunes Américains annonçant une ère meilleure — le pain plus abondant. Elles drainent la terre, la rendent molle et friable; elles ont fait un jardin du Chatt Moss[1] anglais, et en feront aujourd'hui autant du Dismal Swamp[2]. Mais, outre cet avantage, elles sont le texte d'opinions meilleures et de meilleures promesses pour l'humanité.

Il y a eu en Angleterre un cauchemar, né de l'indigestion et du spleen parmi les rois du sol et les rois du métier à tisser — la théorie selon laquelle les hommes se multiplient trop rapidement pour les ressources de la terre, se multiplient d'après une proportion géométrique, tandis que le blé ne le fait que d'après une proportion arithmétique; d'où il suit que plus nous sommes prospères, plus vite nous approchons de ces terribles limites : que dis-je? — la condition de chaque génération nouvelle est pire que celle de la précédente, parce que les premiers arrivés prennent les meilleures terres; les survivants, les meilleures qui restent, et chaque vague de population qui succède est poussée vers de plus pauvres, de sorte que la terre fournit toujours moins de produits à des armées grossissantes de consommateurs. Henry Carey, de Philadelphie, a répondu : « Il n'en est pas ainsi, M. Malthus, mais c'est précisément le contraire de la réalité. »

Le premier planteur, le sauvage sans aides, sans outils, visant avant tout à se protéger de ses ennemis — hommes ou bêtes — occupe de pauvres terres.

---

1. Ancien marais, aujourd'hui desséché (T.).
2. Terres marécageuses d'environ 150 000 acres d'étendue, situées dans la Virginie et la Caroline du Nord (T.).

Les meilleures sont couvertes de bois qu'il ne peut défricher ; elles ont besoin d'un drainage qu'il ne peut entreprendre. Il ne peut labourer, abattre les arbres, dessécher le marais fertile. C'est un pauvre être ; il gratte le sol avec un bâton pointu, vit dans une caverne ou un trou, n'a point de route, sauf le sentier de l'élan et du sanglier ; il vit de leur chair quand il peut en tuer un, de racines et de fruits quand il ne le peut pas. Il tombe, et s'estropie ; il tousse, et a un point de côté, il a la fièvre et grelotte ; quand il a faim, il ne peut pas toujours tuer un sanglier et le manger ; parfois — hasards de la guerre — c'est le sanglier qui le mange. Il se passe du temps avant qu'il puisse bêcher et planter, et d'abord il ne peut cultiver qu'un coin de terre. Plus tard, il apprend que la culture vaut mieux que la chasse, que la terre travaille plus vite pour lui qu'il ne le peut lui-même — travaille pour lui quand il dort, quand la pluie tombe, quand la chaleur l'accable. Le coup de soleil qui le terrasse fait pousser ses blés. A mesure que sa famille se développe et que d'autres planteurs s'installent autour de lui, il commence à abattre les arbres et à défricher de bonnes terres ; et lorsque bientôt il y a plus d'habileté, plus d'outils et de routes, les nouvelles générations sont assez fortes pour défricher les parties, en contre-bas où l'eau qui s'écoule des montagnes a accumulé les meilleures terres, qui rendent cent fois les premières moissons. Les dernières terres sont les meilleures. Il faut la science et un grand nombre d'hommes pour cultiver les meilleures terres, de la meilleure façon. Ainsi la véritable économie politique n'est point étroite, mais libérale, à l'exemple du soleil et du ciel. La population croît en proportion de la moralité.

Cependant, nous ne pouvons parler des choses de la ferme et de ses facteurs, sans réfléchir à leur influence sur le fermier. Cette préparation de moyens accumulés, il la pousse à ses conséquences dernières. Cette couche de terre que les siècles ont amendée, il l'amende encore pour nourrir un peuple civilisé et instruit. Les grandes forces auxquelles il a affaire ne peuvent être sans action sur lui, ou le laisser inconscient de son rôle ; mais leur influence ressemble un peu à celle que cette même Nature a sur l'enfant — elle le subjugue et le rend silencieux. Nous envisageons le fermier avec plaisir et respect, quand nous pensons aux forces et aux services qu'il représente si modestement. Il connaît tous les secrets du travail : il change la physionomie du paysage. Mettez-le sur une nouvelle planète, et il saura par où commencer ; cependant, il n'a aucune arrogance dans l'attitude, mais une douceur parfaite. Le fermier se tient solidement sur ses pieds dans le monde. Simple en ses manières comme dans ses vêtements, il ne brillerait point dans les palais ; il y est absolument inconnu et inadmissible ; vivant ou mourant, on n'y entendra jamais parler de lui ; cependant, mis à côté des héros de salon, ceux-ci diminueraient en sa présence — lui solide et irréductible, eux réduits à l'épaisseur d'une feuille d'or. Mais il se tient ferme dans le monde — comme l'a fait Adam, comme le fait l'Indien, comme le font les héros d'Homère, Agamemnon ou Achille. Il est un être qu'un poète de n'importe quel pays — Milton, Firdousi, ou Cervantes — appréciera comme un réel spécimen de l'antique Nature, comparable au soleil et à la lune, à l'arc-en-ciel et au déluge ; car, ainsi que toutes les personnes naturelles, il représente la Nature autant qu'eux.

Cette droite manière d'être que nous admirons chez les animaux et les jeunes enfants lui appartient en propre, appartient au chasseur, au marin — à l'homme qui vit en présence de la Nature. Les villes forcent la croissance, rendent les hommes causeurs et divertissants, mais les rendent artificiels. Ce qui a pour nous de l'intérêt, c'est le *naturel*[1] de chacun, son mérite constitutif. C'est toujours une surprise, attachante et aimable ; nous ne pouvons nous rassasier de le connaître, et de savoir quelque chose de lui ; et c'est cette vertu que la communion avec la Nature entretient et conserve.

1. En français, dans le texte.

LES TRAVAUX ET LES JOURS

LES
TRAVAUX ET LES JOURS

Notre xixᵉ siècle est l'âge des outils. Ils sortent de notre constitution. « L'homme est la mesure de toutes choses », disait Aristote; la main est l'instrument des instruments, et l'esprit est la forme des formes. Le corps humain est le magasin des inventions, le bureau des brevets où se trouvent les modèles auxquels on a emprunté chaque indication. Tous les instruments et tous les appareils du monde ne sont que des extensions de ses membres et de ses sens. « Une intelligence servie par des organes », voilà une définition de l'homme. Les machines ne peuvent que seconder ses sens, non les remplacer. Le corps est une mesure. L'œil saisit des différences plus délicates que l'art n'en peut offrir. L'apprenti ne se sépare pas de sa règle ; un ouvrier expert mesure du pouce et du bras avec la même précision; et d'après le nombre de ses pas, un bon arpenteur mesurera seize perches aussi exactement qu'un autre individu avec la chaîne. L'accord de l'œil et de la main grâce auquel un Indien ou un lanceur de fronde expérimenté atteint le but avec une pierre, grâce auquel un bûcheron ou un charpentier fait retomber sa hache à une épaisseur de cheveu près à la place visée sur la souche, peuvent être cités comme exemple ; et il n'est pas de sens ou d'organe qui ne soit capable d'œuvre excellente.

Les hommes aiment à s'étonner, et c'est là le germe de nos sciences ; et telle est l'orientation de notre époque vers les choses mécaniques, si récentes sont nos meilleures inventions, que l'usage n'a pas émoussé la joie et l'orgueil qu'elles nous inspirent ; nous plaignons nos pères d'être morts avant la découverte de la vapeur et du galvanisme, de l'éther sulfurique et des télégraphes sous-marins, de la photographie et du spectroscope, comme si on leur avait dérobé la moitié de leurs prérogatives humaines. Ces inventions ouvrent largement les portes d'un avenir qui promet de rendre le monde plastique, et d'élever la vie humaine de sa condition misérable à une aisance et un pouvoir divins.

Assurément, notre siècle a hérité de découvertes qui ne sont pas à dédaigner. Nous avions le compas, l'imprimerie, les montres, l'hélice, le baromètre, le télescope. Cependant, on y ajoute tant d'inventions que la vie semble presque renouvelée ; Leibnitz disait que s'il comptait tout ce que les mathématiciens avaient fait depuis le commencement du monde jusqu'à Newton, et ce que Newton avait fait, sa part représenterait la meilleure moitié ; de même, on pourrait dire que les inventions de ces cinquante dernières années contre-balancent celles des cinquante siècles précédents. Car la vaste production et les multiples applications du fer sont choses nouvelles ; les ustensiles ordinaires et indispensables de la

maison et de la ferme sont choses nouvelles ; la
machine à coudre, le métier à tisser, la moissonneuse
Mac Cormick, les faucheuses mécaniques, le gaz
d'éclairage, les allumettes chimiques, et les immenses
productions de laboratoire sont choses nouvelles en
ce siècle, et une quantité de charbon d'une valeur
d'un franc fait vingt journées de travail d'ouvrier.

Ai-je besoin de parler de la vapeur, ennemie de
l'espace et du temps, avec sa force énorme et ses
applications délicates, qui sert à porter dans les
hôpitaux un bol de gruau au lit d'un malade, peut
tordre des charpentes de fer comme un bâton de
sucre candi, et rivaliser avec les forces qui ont soulevé et replié sur elles-mêmes les stratifications
géologiques ? La vapeur est un scholar capable et un
gaillard aux larges épaules, mais elle n'a pas encore
fait toute son œuvre. Elle avance déjà dans la carrière comme un homme, et fera tout ce qu'on exige
d'elle. Elle irrigue les moissons, et peut transporter
une montagne. Elle doit coudre nos chemises, conduire nos tilburys et, guidée par M. Babbage, faire
des calculs d'intérêts et de logarithmes. Le Lord
chancelier Thurlow pensait qu'on pourrait l'amener
à rédiger des décrets et des réponses de chancellerie.
Si c'était là une satire, la vapeur arrive cependant à
rendre nombre de services supérieurs d'ordre mécanico-intellectuel, et elle laissera la satire au-dessous
de la réalité.

Quels soulagements matériels excellents nous
avons apportés au corps humain, par l'art dentaire,
par exemple, la vaccination, la rhinoplastie, le secours
admirable de l'éther, pareil à un sommeil plus délicat, et la promesse la plus hardie de toutes — la

transfusion du sang — qui, à Paris, on l'a prétendu, permet à un homme de changer de sang aussi souvent que de linge !

Que dire de ce simple caoutchouc et de cette gutta-percha dont on fait des conduites d'eau et des pompes stomacales, des cercles pour roues de moulin, des cloches de plongeur, des manteaux imperméables pour tous les climats, qui nous habituent à défier l'humidité, et mettent tout homme sur le même pied que le castor et le crocodile? Que dire des instruments avec lesquels nous construisons — comme des Kobolds et des enchanteurs — perçant les Alpes de tunnels, ouvrant un canal dans l'isthme armoricain, et pénétrant le désert arabe? Dans les Massachusetts, nous avons combattu victorieusement la mer avec des bancs de gazon et de genêts — et les étendues de sables stériles soulevés par le vent, avec des plantations de pins. Le sol de la Hollande, jadis le plus peuplé de l'Europe, est au-dessous du niveau de la mer. L'Égypte, où il n'avait pas plu depuis trois mille ans, remercie, dit-on, aujourd'hui Méhement Ali pour ses irrigations et les forêts qu'il a plantées, auxquelles elle doit les pluies tardivement revenues. L'antique Roi hébreux disait : « Il oblige la colère de l'homme à chanter sa louange. » Et le théisme n'a pas d'argument meilleur que la grandeur des fins obtenues par des moyens insignifiants. La ligne des chemins de fer de l'Ouest, de Chicago au Pacifique, a fait croître les villes et la civilisation en moins de temps qu'il n'en faut pour amener un verger à porter des fruits.

Que dirons-nous de la télégraphie sous-marine, cette extension de l'œil et de l'oreille, dont les exploits soudains ont étonné l'humanité, comme si l'intelligence entreprenait l'éducation de la terre brute elle-même, et faisait pénétrer les premiers frémissements de vie et de pensée dans le cerveau rebelle?

Il semble qu'il n'y ait aucune limite à ces nouvelles révélations de ce même Esprit qui d'abord a fait les éléments, et maintenant travaille par l'intermédiaire de l'homme. La théorie et l'application avanceront comme ils l'ont fait — feront sortir le jour de la nuit, le temps de l'espace, et l'espace du temps.

L'invention enfante l'invention. A peine le télégraphe électrique est-il imaginé, qu'on découvre la gutta-percha, la substance même qu'il exige. L'aéronaute est pourvu de fulmi-coton, le combustible qu'il lui faut précisément pour son ballon. Lorsque le Commerce s'élargit en de vastes proportions, la Californie et l'Australie découvrent l'or dont il a besoin. Quand l'Europe a trop de population, l'Amérique et l'Australie aspirent à être peuplées; et ainsi, partout, chaque événement arrive à son heure, comme si la Nature qui a fait la serrure savait où trouver la clé.

Un autre résultat de nos inventions, ce sont les rapports nouveaux qui nous surprennent en donnant de nouvelles solutions aux problèmes politiques embarrassants. Ces rapports ne sont pas nouveaux, mais l'échelle des relations est nouvelle. Notre égoïsme aurait voulu conserver des esclaves, ou aurait voulu exclure d'une partie de la planète tout ce qui n'était pas né sur le sol de cette partie-là. Notre politique inspire le dégoût; mais que peut-elle faire ou empêcher quand de temps à autre les instincts primordiaux pressent les masses humaines, quand les nations sont en exode et se répandent? La Nature aime à croiser ses races — les Allemands, les Chinois, les Turcs, les Russes, les Canaques, ont pris la mer, et les races se sont mariées entre elles ; le commerce a saisi l'indication, et l'on a construit des vaisseaux assez vastes pour transporter la population d'un Comté.

Ces inventions aux mille mains ont introduit un nouvel élément dans l'État. La science du pouvoir est forcée de se rappeler le pouvoir de la science. La civilisation avance et gravit les hauteurs. Quand il a posé en principe que les bouches se multiplient en proportion géométrique, et la nourriture seulement en proportion arithmétique, Malthus a oublié de dire que l'esprit humain est aussi un facteur de l'économie politique, et qu'aux besoins croissants de la société répondrait un accroissement de la puissance d'invention.

Oui, nous avons maintenant dans notre organisation sociale un joli assortiment de moyens : nous parcourons les distances quatre fois plus vite que ne le faisaient nos pères ; nous savons voyager, broyer, tisser, forger, planter, labourer, et creuser mieux qu'eux. Nous avons de nouveaux souliers, des gants, des lunettes, des vrilles ; nous avons le calcul ; nous avons le journal qui fait de son mieux pour que chaque acre carrée de terre et de mer apporte son compte rendu sur votre table au déjeuner du matin ; nous avons de l'argent et des billets de banque ; nous avons le langage, l'instrument le plus délicat de tous, et le plus près de l'esprit. Beaucoup veulent davantage. L'homme se flatte que son pouvoir sur la nature s'accroîtra. Les choses commencent à lui obéir. Nous aurons encore les ballons, et la guerre prochaine se livrera dans les airs. Nous pourrons aussi trouver une eau de rose pour blanchir les nègres. On voit le crâne de la race anglaise altérer son type saxon sous l'action des exigences de la vie américaine.

Tantale, que l'on voyait dans les temps antiques essayant vainement d'apaiser sa soif à une eau courante qui se retirait chaque fois qu'il en approchait les lèvres, a été revu naguère. Il est à Paris, à New-York, à Boston. Il a maintenant de hautes visées ; il pense qu'il pourra atteindre l'eau ; il pense qu'il pourra mettre la vague en flacon. La chose devient cependant un peu incertaine. Les faits ont encore une apparence fâcheuse. En dépit du nombre des siècles de culture qui l'ont précédé, l'homme nouveau se trouve toujours au bord du chaos, toujours en une crise. Quelqu'un peut-il se rappeler un moment où les temps n'étaient point durs, et où l'argent n'était point rare? Quelqu'un peut-il se rappeler une époque où les êtres raisonnables, les femmes véritables, les hommes véritables, étaient nombreux? Tantale commence à croire que la vapeur est une déception, et que le galvanisme laisse à désirer.

Bien des faits concourent à montrer que pour trouver le salut il nous faut regarder au delà de la vapeur, de la photographie, des ballons, ou de l'astronomie. Ces choses ont certaines propriétés douteuses. Ce sont des réactifs. Le machinisme est agressif. Le tisserand devient un tissu, le mécanicien, une machine. Si vous ne vous servez pas des instruments, ce sont eux qui se servent de vous. En un certain sens, tous les outils sont tranchants et dangereux. Un homme bâtit une belle maison ; maintenant il a un maître, et une tâche pour la vie : il lui faut la meubler, la garder, la montrer, la tenir en bon état tout le reste de ses jours. Un autre a une certaine réputation, et il n'est plus libre, il lui faut la respecter. Un autre fait un tableau ou un livre, et souvent le pis qui puisse lui arriver, c'est de réussir. J'ai vu l'autre jour un brave homme, libre jusqu'ici comme un faucon ou un renard du désert, ajuster des casiers pour ranger des coquilles, des œufs, des minéraux, des oiseaux empaillés. Il était facile de voir qu'il s'amusait à se faire bénévolement des liens pour s'enchaîner lui-même.

L'économiste politique pense donc qu' « il est douteux que toutes les inventions mécaniques qui ont jamais existé aient allégé le labeur d'un seul être humain ». Le machinisme ruine l'homme. Maintenant que la machine est si parfaite, le machiniste n'est plus rien. Chaque progrès nouveau dans le perfectionnement d'un mécanisme restreint un peu l'activité du mécanicien — lui désapprend quelque chose. Jadis il fallait un Archimède, aujourd'hui il ne faut qu'un pompier ou un enfant pour entretenir la chaudière, tourner les aiguilles, ou surveiller le réservoir. Mais quand la machine se brise, ils ne peuvent rien faire.

Quels détails répugnants dans les journaux quotidiens ! Je crois que l'on a cessé de publier le *Calendrier de Newgate* et le *Livre du Pirate* depuis que les journaux de famille, tels que la *New-York Tribune*, et le *London Times* les ont entièrement dépassés en ce qui concerne la rapidité d'information, aussi bien que l'horreur de leurs comptes rendus du crime. La politique n'a jamais été plus corrompue ni plus brutale; et le Commerce, cet orgueil et cet amour de notre océan, cet éducateur des peuples, ce bienfaiteur malgré lui, aboutit par toute la terre à des délits honteux, à la duperie, et à la banqueroute.

Naturellement, nous nous tournons vers l'énumération des œuvres et inventions de l'homme comme vers une mesure de sa valeur. Mais si avec toutes ses inventions il est un coquin, nous ne pouvons prendre l'habileté mécanique ou les ressources chimiques comme mesures de la valeur. Essayons d'un autre critérium.

Qu'ont fait ces inventions pour le caractère, pour la valeur de l'humanité? Les hommes sont-ils meilleurs? On se demande parfois si les mœurs n'ont pas décliné à mesure que les inventions augmentaient. Voici de grandes inventions et de petits hommes. Voici la grandeur engendrée par la mesquinerie. Nous ne pouvons faire remonter les triomphes de la civilisation à des bienfaiteurs tels que nous les désirerions. Le plus grand améliorateur du monde, c'est l'égoïste et artificieux Commerce. Toute victoire sur la matière devrait faire sentir à l'homme la valeur de sa nature. Mais maintenant, on se demande qui a créé toute cette prospérité. Regardez les inventeurs. Chacun a son adresse spéciale; son génie est pour ainsi dire en filons, et par places. Mais l'esprit grand, puissant, équilibré, nourri par un grand cœur, vous ne le trouverez pas. Chacun a plus à cacher qu'à montrer, ou est blessé par son talent même. Il n'est que trop manifeste que le progrès moral ne marche pas de front avec la civilisation matérielle. Il est visible que nous n'avons pas fait un placement judicieux. Les travaux et les jours nous étaient offerts, et nous avons choisi les travaux.

L'étude nouvelle du Sanscrit nous a montré l'origine des vieux noms de Dieu — Dyaus, Deus, Zeus, Zeu pater, Jupiter — noms du soleil, encore reconnaissables à travers les modifications de nos idiomes propres, impliquant que le Jour, c'est la Puissance, la Manifestation divine, et indiquant que ces Anciens, dans leurs tentatives pour exprimer le Pouvoir suprême de l'univers, l'ont appelé le Jour, et que tous les peuples ont accepté ce nom.

Hésiode a écrit un poème qu'il a appelé « les Travaux et les Jours », où il a indiqué les changements de l'année grecque, enseignant au laboureur à l'apparition de quelle constellation il devait moissonner, quand il devait faire provision de bois, quand le marin pouvait lancer son bateau sans redouter les orages, et à quels avertissements des planètes il devait être attentif. Le poème est rempli de règles pour la vie grecque, notant l'âge qui convient au mariage, les lois de l'administration domestique, et de l'hospitalité. Il est rempli de piété comme de sagesse, et s'adapte à toutes les latitudes, car il ajoute à ses enseignements la morale des travaux et des jours. Mais le poète n'a pas poussé son étude des jours jusqu'aux recherches et analyses auxquelles ils invitent.

Un fermier disait qu' « il aimerait avoir toutes les terres qui touchaient les siennes ». Bonaparte, qui avait le même appétit, essaya de faire de la Méditerranée un lac français. Le Tsar Alexandre voulait s'étendre plus encore, et désirait appeler le Pacifique *mon océan*; les Américains ont été obligés de résister à ses tentatives pour en faire une mer fermée. Mais s'il avait eu la terre pour champ et la mer pour étang, il aurait été encore pauvre. Celui-là seul est riche qui possède le jour. Il n'est pas de roi, d'homme opulent, de fée ou de démon qui possède un pouvoir pareil à celui-là. Les journées sont toujours divines, comme pour les premiers Aryens. De toutes les choses qui existent, ce sont elles qui ont le moins de prétention et le plus de pouvoir. Elles viennent et passent comme des figures enveloppées et voilées, envoyées par un être distant et bienveillant; mais elles ne disent rien; et si nous n'utilisons pas les dons qu'elles offrent, elles les remportent aussi silencieusement.

Comme le jour s'adapte à l'esprit, se moule sur lui ainsi qu'une draperie délicate, revêtant toutes ses fantaisies! Tout jour de fête nous communique sa couleur. Nous portons sa cocarde et ses faveurs dans notre imagination. Rappelez-vous ce que pensent les jeunes garçons le matin de l'« Election Day »[1], ou le Quatre juillet[2], ou au Thanksgiving[3], ou à Noël. Les étoiles même leur insinuent en leur cours des idées de noix et de gâteaux, de bonbons, de présents et de feux d'artifice. Votre mémoire ne peut-elle apercevoir encore la vieille maison d'École avec son porche, quelque peu tailladé par les couteaux, où

---

1. Jour de l'élection du Gouverneur de l'État (T.).
2. Jour de la Fête nationale des États-Unis d'Amérique (T.).
3. Voir p. 129.

vous fouettiez des toupies et lanciez des billes, et ne vous rappelez-vous pas que la vie se mesurait alors par moments, par des concentrations nerveuses ou des heures brillantes comme maintenant, et ne s'étendait pas au large en une félicité uniforme? Durant les trimestres du Collège et les années qui suivent, quand revient l'anniversaire du Jour d'ouverture, le jeune gradué, alors même qu'il serait en un marais, voit une lumière de fête et sent dans l'air un faible écho du tonnerre des applaudissements académiques. Dans la retraite et la campagne, quelle dignité distingue les jours de fête! Quand l'heure sanctifiée de l'antique Sabbat, l'heure du Septième jour, dans la blancheur que lui donne la religion d'on ne sait combien de milliers d'années, commence à poindre de l'obscurité — page pure où le sage peut inscrire la vérité, tandis que le sauvage la barbouille de superstitions — la musique de Cathédrale de l'histoire chante en elle un cantique à notre solitude.

Ainsi, d'après l'expérience ordinaire du scholar, le temps s'adapte à ses impressions. Les vents variables jouent un millier d'airs, apportent un millier de spectacles, et chacun est le cadre ou l'enveloppe d'un nouvel esprit. J'avais jadis l'habitude de choisir mon temps avec quelque raffinement pour chacun de mes livres favoris. Tel conteur est bon pour l'hiver, et tel autre pour la canicule. Le scholar doit chercher longtemps l'heure qui convient à la lecture du Timée de Platon. A la fin, le matin choisi arrive, le commencement de l'aurore — un petit nombre de lumières visibles dans le ciel, comme un monde nouvellement créé et encore à l'état de devenir — et dans ses larges loisirs, nous osons ouvrir ce livre.

Il est des jours où les grands sont près de nous, où leur front n'a pas de pli, où ils n'ont pas même l'air de condescendre ; ils nous prennent par la main, et nous partageons leur pensée. Il est des jours qui sont le carnaval de l'année. Les anges prennent corps, et maintes fois deviennent visibles. L'imagination des dieux est excitée, et se précipite de tous côtés dans les formes. Hier, pas un oiseau ne chantait ; le monde était morne, étriqué, et languissant ; aujourd'hui, il est peuplé d'une manière inconcevable : la création essaime et s'améliore.

Les jours sont faits sur un métier dont la chaîne et la trame sont le passé et l'avenir. Ils sont majestueusement vêtus, comme si chaque dieu avait apporté un fil au tissu éthéré. Il est triste de voir les choses qui nous font riches ou pauvres — c'est une affaire d'argent, de paletots et de tapis, un peu plus ou un peu moins de pierre, de bois ou de peinture, la façon d'un manteau ou d'un chapeau ; c'est comme la bonne fortune d'Indiens nus, dont l'un s'enorgueillit de la possession d'un collier de verre ou d'une plume rouge, alors que les autres se trouvent malheureux de n'en pas avoir. Mais les trésors que la Nature s'est épuisée à amasser — la structure séculaire, affinée, et complexe de l'homme — que toutes les stratifications ont tendu à former, pour le développement de laquelle les races antérieures, depuis les infusoires et les sauriens ont existé ; les créatures plastiques qui l'environnent ; la terre avec ses productions ; l'air intellectuel qui forme le tempérament ; la mer avec ses sollicitations ; le ciel avec l'immensité de ses mondes ; le cerveau et le système nerveux qui répondent à toutes ces choses ; l'œil qui sonde les profondeurs, qui à leur tour se reflètent dans l'œil — l'abîme répondant à l'abîme — sont, à la différence des colliers de verre, de l'argent ou des tapis, choses incommensurablement données à tous.

Ce miracle est jeté dans les mains de tous les mendiants. Le ciel bleu est un velum pour un marché, et pour les chérubins et les séraphins. Le ciel est le vernis, la couleur glorieuse avec laquelle l'Artiste a brossé tout le travail — les limites ou confins de la matière et de l'esprit. La Nature ne pouvait aller plus loin. Si notre rêve le plus heureux prenait forme en une solide réalité concrète — si une force pouvait ouvrir nos yeux de manière à contempler des « millions de créatures spirituelles errant autour de la terre », — je crois que je verrais cet espace intermédiaire où elles se mouvraient pavé en bas et voûté en haut de cette même profondeur bleue qui s'étend en ce moment au-dessus de moi, lorsque je chemine par les rues pour mes affaires.

Il est surprenant que notre langue anglaise si riche n'ait pas de mot pour désigner la face du monde. Le vieil anglais avait le mot *Kinde*, terme qui ne recouvrait toutefois que la moitié de la signification de notre belle expression latine avec son futur subtil — *natura, sur le point de naître*, ou ce que la philosophie allemande désigne par le mot *devenir*. Mais rien n'exprime cette puissance qui semble travailler pour la seule beauté. Le mot grec *Kosmos* le faisait ; et c'est pourquoi, avec grande justice, Humboldt a intitulé son livre, qui expose les derniers résultats de la science, *Cosmos*.

Tels sont les jours — la terre est la coupe, et le ciel l'enveloppe de cette immense libéralité de la nature

qui nous est offerte comme aliment quotidien ; mais
quelle puissance d'*illusion* commence en nous avec la
vie, et nous accompagne jusqu'à la fin ! Nous sommes
cajolés, flattés, et dupés du matin au soir, de la naissance à la mort ; et où est l'œil âgé qui a jamais
percé la déception ? Les Hindous représentent Maya,
l'énergie illusoire de Vishnou, comme un de ses principaux attributs. Il semble que dans ce tourbillon
d'éléments en lutte qu'est l'existence, il ait été nécessaire de lier les âmes à la vie humaine comme les
mariniers durant la tempête s'attachent aux mâts et
aux parapets du navire, et que la Nature ait employé
certaines illusions en guise de liens ou de courroies
— un hochet, une poupée, une parure pour l'enfant ;
des patins, une rivière, un bateau, un cheval, un
fusil, pour le garçon qui grandit — et je ne veux pas
commencer à énumérer celles du jeune homme et de
l'adulte, car elles sont innombrables. Rarement et
lentement le masque tombe, et le disciple est auto-
risé à voir que tout est fait de la même substance,
façonnée et peinte sous nombre d'apparences irréelles.
La doctrine de Hume, c'est que les circonstances
varient, mais que la source du bonheur reste la même ;
que le mendiant tuant ses puces au soleil sous une
haie, le duc roulant dans son carrosse, la jeune fille
habillée pour son premier bal, et l'orateur revenant
triomphant des débats, ont des sources de plaisir différentes, mais la même quantité d'émotion agréable.

Cet élément d'illusion prête toute sa force pour
dissimuler la valeur du temps présent. Quel est celui
qui ne se surprend pas toujours faisant quelque chose
d'inférieur à sa meilleure tâche ? « Que faites-vous ? »
« Oh, rien ; j'ai fait ceci, je ferai cela ou cela, mais en

ce moment je ne fais que — » Ah! pauvre dupe, ne pourrez-vous jamais vous dégager des filets de ce maître enchanteur — n'apprendrez-vous jamais que quand ces années irrévocables auront tissé entre aujourd'hui et nous leur splendeur azurée, ces heures qui passent brilleront et nous attireront comme la fantaisie la plus libre, les demeures de la beauté et de la poésie? Qu'il est difficile de rester droit devant elles! Les événements qu'elles apportent, leurs affaires, leurs distractions, leur bavardage, leur travail pressé, tout cela aveugle et détourne l'attention. Celui-là est fort qui peut les regarder en face, percer leur duperie, sentir leur identité, et garder la sienne; celui qui sait sûrement que jusqu'à la fin du monde elles seront pareilles les unes aux autres, et ne permet ni à l'amour, ni à la mort, ni à la politique, ni à la guerre, ni au plaisir, de le détourner de son œuvre.

Le monde est toujours égal à lui-même, et dans les moments de pensée plus profonde, tout homme a conscience de répéter les expériences qu'ont faites les gens dans les rues de Thèbes ou de Byzance. Sur la nature règne un éternel Maintenant, mettant dans nos bosquets les mêmes roses qui charmaient le Romain et le Chaldéen dans leurs jardins suspendus. « Pourquoi donc », demande-t-il, « étudier les langues et parcourir les pays, pour apprendre des vérités si simples? »

L'histoire de l'art antique, les fouilles des cités, la découverte des livres et des inscriptions — oui, c'étaient là de belles œuvres, leur histoire est digne d'être connue, et des Académies se réunissent pour établir l'autorité des anciennes écoles. Que de

voyages et de mesurages — ceux de Niebuhr, de
Muller, de Layard — pour reconnaître la plaine de
Troie et la ville de Nemrod! Et votre admiration pour
Dante vous coûte aussi des embarquements; et pour
vérifier quels sont ceux qui ont découvert l'Amérique,
il faut autant de voyages que pour sa découverte
Pauvre enfant! Cette argile malléable dont ces frères
antiques ont moulé leurs admirables symboles n'était
ni persane, ni memphique, ni allemande; elle n'était
nullement locale; mais c'était la chaux, le silex et
l'eau ordinaires, et la lumière du soleil, et la chaleur
du sang, et la respiration des poumons; c'était cette
argile que tu tenais tout à l'heure en tes mains ignorantes, et que tu as jetée pour aller fouiller en vain
les sépulcres, les caveaux des momies, et les vieilles
librairies de l'Asie Mineure, de l'Égypte, et de l'Angleterre. C'était le profond aujourd'hui que tous les
hommes dédaignent; la riche pauvreté que tous les
hommes haïssent; la solitude peuplée, tout aimante,
que les hommes abandonnent pour le bavardage des
villes. *Il* est aux aguets, *il* se cache — *lui* qui est le
succès, la réalité, la joie et le pouvoir. Une de nos
illusions, c'est que l'heure présente n'est pas l'heure
critique, décisive. Écrivez dans votre cœur que
chaque jour est le meilleur jour de l'année. Nul n'a
bien appris quoi que ce soit, tant qu'il ne sait pas
que chaque jour est le jour du Jugement. L'antique
secret des dieux, c'est qu'ils viennent sous des déguisements humbles. C'est la grandeur vulgaire qui
vient parée d'or et de joyaux. Les vrais rois cachent
leurs couronnes dans leurs armoires, et prennent un
air simple et pauvre. Dans la légende scandinave de
nos ancêtres, Odin habite une cabane de pêcheur, et

radoube un bateau. Dans les légendes hindoues, Hari vit comme un paysan parmi des paysans. Dans la légende grecque, Apollon demeure avec les bergers d'Admète, et Jupiter aimait vivre au milieu des pauvres Éthiopiens. De même, dans notre histoire, Jésus est né en une grange, et ses douze pairs étaient des pêcheurs. Le principe même de la science est que c'est dans les moindres choses que la Nature se montre le mieux ; c'était la maxime d'Aristote et de Lucrèce ; et dans les temps modernes, de Swedenborg et d'Hahnemann. L'ordre des changements dans l'œuf détermine l'âge des couches fossiles. C'était de même la règle de nos poètes, dans les légendes féériques, que les fées les plus grandes par le pouvoir fussent les plus petites par la taille. Parmi les Grâces chrétiennes, l'humilité se tient au-dessus de toutes, sous la forme de la Madone ; et dans la vie, c'est là le secret du sage. Nous sommes toujours redevables au génie du même service — le service de lever les voiles de la réalité banale, et de nous montrer que les divinités sont assises déguisées sous l'apparence d'une troupe de bohémiens et de colporteurs. Dans la vie quotidienne, ce qui distingue le maître, c'est d'employer les matériaux qu'il a, au lieu de chercher autour de lui ceux qui sont plus célèbres, ou ceux dont les autres ont fait un bon usage. « Un général », disait Bonaparte, « a toujours assez de troupes, pourvu qu'il sache employer celles qu'il a, et bivouaque avec elles. » Ne refusez pas l'occupation que l'heure vous apporte, pour une autre plus ambitieuse. Le plus haut ciel de la sagesse est également près de tous les points, et tu le trouveras, si tu le trouves jamais, par des méthodes propres à toi seul.

Le travail qui n'est pas actuellement exigé est toujours le plus agréable à l'imagination. Lorsque nous avons promis d'assister à la réunion du Comité, comme nous regardons ardemment les collines lointaines et leurs charmes!

L'utilité de l'histoire, c'est de donner du prix à l'heure présente et à ses obligations. C'est une chose bonne que celle qui me fait sentir la valeur de mon pays, de mon climat, de mes ressources, de mes matériaux, de mes compagnons. J'ai connu un homme en un certain état d'exaltation religieuse qui « regardait comme un honneur de laver son visage ». Il me semblait d'esprit plus raisonnable que ceux qui font peu de cas d'eux-mêmes.

Les zoologistes peuvent nier que des crins de cheval plongés dans l'eau se transforment en vers; mais je trouve que tout ce qui est vieux se corrompt, et que le passé se transforme en serpents. Le respect des actions de nos ancêtres est un sentiment faux. Leur valeur ne consistait pas à révérer le passé, mais à honorer l'heure présente; et c'est à tort que nous nous servons d'eux pour justifier l'habitude même qu'ils détestaient et combattaient.

Une autre illusion, c'est de croire que nous n'avons pas assez de temps pour notre travail. Nous devrions cependant remarquer que, bien que nombre de créatures absorbent la même substance, chacune, selon sa constitution, s'assimile parmi les éléments ce qui lui appartient, soit le temps ou l'espace, soit la lumière, l'eau ou la nourriture. Un serpent convertit en serpent toutes les proies que lui offre la prairie; un renard les convertit en renard, et Pierre et Jean transforment toute existence en Pierre et en Jean. A quelqu'un qui se plaignait de n'avoir pas assez de temps, un pauvre chef Indien des Six-Nations de New-York fit une réponse plus sage que celle d'aucun philosophe : « Mais », dit le Peau-rouge, « il me semble que vous avez tout le temps qui existe. »

Une troisième illusion qui nous hante, c'est qu'une longue période, une année, par exemple, une dizaine d'années, un siècle, a de la valeur. Mais un vieux proverbe français dit : « En peu d'heures, Dieu labeure. » *God works in moments.* Nous demandons une vie longue ; mais c'est une vie profonde, ce sont les grands moments qui importent. Que la mesure du temps soit spirituelle, et non mécanique. La vie est plus longue qu'il n'est nécessaire. Des moments d'intuition, de relations personnelles délicates, un sourire, un regard — quels larges emprunts à l'éternité ! En eux, la vie atteint son apogée et se concentre ; Homère disait : « Les dieux ne donnent aux mortels la part de raison qui leur revient que durant un seul jour. »

Je pense avec le poète Wordsworth, qu'il n'y a point de réel bonheur en cette vie, si ce n'est dans l'intelligence et la vertu. Je pense avec Pline que tandis que nous songeons à ces choses, nous ajoutons à la longueur de notre existence. Je suis de l'avis de Glaucon qui disait : « La mesure de la vie, ô Socrate, c'est, pour le sage, de prononcer et d'entendre des discours comme les tiens. »

Il ne peut que m'enrichir celui qui sait me rendre cher l'espace entre un lever et un coucher de soleil. La mesure de l'homme — c'est sa manière de saisir une journée. Car nous n'écoutons pas avec la plus profonde attention les vers d'un homme qui n'est qu'un poète, ni ses problèmes s'il n'est qu'un algébriste ; mais si un homme connaît en même temps les fondements géométriques des choses et leur splendeur de fête, sa poésie sera exacte et son arithmétique musicale. Et celui qui peut non pas me déterrer les dynasties ensevelies de Sésostris et de Ptolémée, l'ère sothiaque, les Olympiades et les consulats, mais me révéler la théorie de ce Mercredi où nous sommes, je le tiens pour le plus savant des scholars. Peut-il découvrir les liens cachés à tous, sauf à la piété, qui attachent les pauvres hommes et les choses que nous connaissons à leur Cause première ? Ces quinze minutes qui passent, les hommes croient que c'est le temps, non l'éternité ; elles sont ordinaires ou inférieures, ne sont qu'une espérance ou un souvenir, la voie qui va *au* bonheur, ou qui vient *du* bonheur, mais non le bonheur. Peut-il montrer leur lien ? Un tel interprète nous conduira d'une vie de servilité et d'indigence, à la richesse et à la stabilité. Il ennoblira le lieu où il est. Cette Amérique mendiante, cette Amérique curieuse, épiante, itinérante, imitatrice, étudiant la Grèce et Rome, l'Angleterre et l'Allemagne, retirera ses souliers poussiéreux, retirera sa casquette vernie de voyageur, et restera chez elle avec la tranquillité, la joie profonde sur le visage. Le monde n'a pas de paysages semblables, les immenses périodes de l'histoire n'ont pas une heure semblable, l'avenir n'a pas une seconde opportunité égale à celle-ci. Maintenant que les poètes chantent ! Maintenant que les arts se développent !

Il reste encore une considération. La vie n'est bonne que quand elle est un enchantement et une harmonie, une adaptation, un accord parfait, et quand nous ne l'analysons pas. Vous devez traiter les jours avec respect ; vous devez être vous-même un jour, et ne pas l'interroger comme un professeur de collège. Le monde — tout ce qu'on dit, et tout ce qu'on connaît ou fait — est énigmatique, et ne doit pas être pris à la lettre, mais génialement. Pour bien comprendre quoi que ce soit, nous devons être au sommet de notre condition. Vous devez entendre l'oiseau chanter, sans essayer de le traduire par des noms et des verbes. Ne pouvons-nous avoir un peu de réserve et de soumission ? Ne pouvons-nous laisser briller l'aube ?

Tout dans l'univers avance par des voies détournées. Il n'y a pas de lignes droites. Je me souviens nettement du scholar étranger qui par sa visite me donna dans ma jeunesse une semaine heureuse. « Les sauvages des îles », disait-il, « se plaisent à jouer avec le ressac, arrivent sur le sommet de la vague, reculent avec elle, et recommencent ce délicieux exercice pendant des heures. Eh bien, la vie humaine se compose de mouvements semblables. Il ne peut y avoir de grandeur sans abandon. Mais ici, votre astronomie même est un espionnage. Je ne puis sortir et regarder la lune et les étoiles, sans qu'elles aient l'air de mesurer ma tâche, de me demander combien de lignes ou de pages j'ai achevées depuis la dernière fois que je les ai vues. Comme je vous l'ai dit, il n'en était pas ainsi à Belleisle. Les jours de Belleisle étaient bien différents, et reliés seulement par un parfait amour pour un même objet. Remplir l'heure présente — voilà le bonheur. O dieux, remplissez mon heure, afin que je ne dise pas quand j'ai fait une chose : « Voyez, une heure de ma vie s'est aussi écoulée » — mais plutôt : « J'ai vécu une heure ».

Nous n'avons pas besoin d'hommes artificiels, qui pour de l'argent peuvent exécuter n'importe quel exploit littéraire ou professionnel, écrire des poèmes, par exemple, plaider une cause, soutenir une mesure ou, par un puissant effort de volonté, orienter indifféremment leur talent en n'importe quelle direction particulière. Non, ce qu'il y a eu de mieux fait dans le monde — les œuvres de génie — n'ont rien coûté. Il n'y a pas eu d'effort pénible, mais un épanouissement spontané de la pensée. Shakespeare a fait son *Hamlet* comme l'oiseau fait son nid. Des poèmes ont été écrits entre le sommeil et la veille, inconsciemment. La Fantaisie dit d'elle-même :

> Je suis les formes que les hommes,
> De leurs yeux à demi fermés,
> Guettent dans les feux du couchant.

Les maîtres ont peint par plaisir, et ignoraient qu'une force fût sortie d'eux. Ils n'auraient pu peindre la même chose de sang-froid. Les maîtres du lyrisme anglais ont écrit leurs chants de la même manière. C'était la noble efflorescence de nobles talents; comme on l'a dit des lettres d'une Française : — « c'était l'incident charmant de son existence plus charmante encore ». Aussi le poète n'est-il jamais appauvri par son chant. Un chant n'est un chant que si la circonstance est noble et libre. Si le chanteur chante par sentiment du devoir, ou parce qu'il ne voit pas moyen de se dérober, je préfère qu'il ne chante point. Ceux-là seuls peuvent dormir qui ne se préoccupent pas de dormir; et ceux-là seulement peuvent écrire ou parler le mieux qui ne respectent pas trop l'écriture ou le discours.

La même règle s'applique à la science. Le savant est souvent un amateur. Son œuvre est un Mémoire à l'Académie sur les vers de poissons, les têtards, ou les pattes d'araignées ; il observe comme les autres académiciens observent ; il se dresse sur des échasses quand il s'agit d'examiner au microscope et — son mémoire fini, lu et imprimé — il rentre dans sa vie routinière, laquelle se sépare totalement de sa vie scientifique. Mais chez Newton, la science était aussi naturelle que la respiration ; il se servait du même esprit pour peser la lune que pour boucler ses souliers, et toute sa vie était simple, sage, et majestueuse. Il en était ainsi chez Archimède — toujours semblable à lui-même, comme le ciel. Chez Linné, chez Franklin, on retrouve pareille douceur, pareille égalité — point d'échasses, point de haussements sur la pointe des pieds — et les résultats sont mémorables et bienfaisants pour tous.

En dépouillant le temps de ses illusions, en cherchant à découvrir ce qu'est l'essence du jour, nous arrivons à la qualité du moment même, et laissons tomber entièrement l'idée de durée. C'est la profondeur de notre vie, et nullement l'étendue de sa surface qui importe. Nous pénétrons dans l'éternité, dont le temps est la surface fuyante ; et, en vérité, la moindre accélération de la pensée, le moindre accroissement du pouvoir de la pensée, fait que la vie paraît et est d'une durée immense. Nous l'appelons le temps ; mais quand cet accroissement et cette profondeur se produisent, elle prend un nom autre et plus élevé.

Il est des gens qui n'ont pas besoin de faire beaucoup d'expériences ; qui disent après des années d'activité : « Nous connaissions tout cela auparavant »; qui aiment à première vue et haïssent à première vue; qui discernent les affinités et les répulsions; qui ne s'inquiètent pas tant que les autres des conditions, car ils sont toujours en une même condition, et sont heureux; qui commandent aux autres, et à qui on ne commande pas; qui dans leur conscience de mériter le succès négligent constamment les moyens de l'atteindre; qui se soutiennent eux-mêmes et s'aident eux-mêmes; à qui l'on tolère d'être eux-mêmes dans le monde; qui sont grands dans le présent; qui n'ont point de talents et ne se préoccupent point d'en avoir — étant ce qui existait avant le talent, existera après lui, et dont le talent ne semble qu'un instrument — c'est là le caractère, le mot le plus haut auquel la philosophie soit arrivée.

Ce qui importe, ce n'est pas comment le héros fait ceci ou cela, mais ce qu'il est. Ce qu'il est apparaîtra dans chaque geste et chaque syllabe. De cette manière, le moment et le caractère ne font qu'un.

C'est une belle illustration de la supériorité du caractère sur le talent que la légende grecque du combat de Jupiter et de Phébus. Phébus défia les dieux, et dit : « Qui veut l'emporter sur Apollon, le lanceur de flèches lointaines? » Zeus répondit : « Je le veux. » Mars mêla les noms dans son casque, et celui d'Apollon sortit le premier. Appollon tendit son arc et lança sa flèche au plus loin de l'Occident. Alors Zeus se leva, franchit toute la distance d'un pas, et dit : « Où dois-je, tirer? Il n'y a plus de place. » Ainsi le prix de l'archer fut assigné à celui qui ne tira aucune flèche.

Et telle est l'évolution de tout esprit fidèle; des

œuvres de l'homme et de l'activité des mains, il s'élève à un sentiment joyeux des facultés qui les dirigent; du respect des œuvres, il s'élève à un grave étonnement en face de cet élément mystique du temps auquel il est soumis; des talents particuliers et de la règle qui calcule la somme de travail *par* heure, il s'élève à la règle supérieure qui respecte la qualité de ce qui est fait, et le droit que nous avons au travail, ou la constance avec laquelle il jaillit de nous-mêmes; alors émane du caractère cette force sublime qui estime un moment autant qu'un autre, nous fait grands en toutes les situations, et est la seule définition que nous ayons de la liberté et de la puissance.

LES LIVRES

LES LIVRES

Il est facile d'accuser les livres, et facile d'en trouver de mauvais; les meilleurs ne sont que des comptes rendus, et non la chose dont on rend compte; et assurément, il y a assez de dilettantisme, de livres qui sont simplement neutres et ne font rien pour nous. Dans le *Gorgias* de Platon, Socrate dit : « Le maître du vaisseau se promène simplement vêtu au bord de la mer, après avoir amené les passagers d'Égine ou du Pont, sans penser qu'il a fait quelque chose d'extraordinaire, sachant certainement que ses passagers sont restés les mêmes, et ne sont à aucun égard meilleurs que quand il les a pris à bord. » Il en est ainsi des livres, pour la majeure partie : ils n'opèrent en nous aucune rédemption. Le libraire peut être certain que l'achat et la consommation de sa marchandise n'ont à aucun égard amélioré ses clients. Le volume est cher à un dollar, et après avoir lu jusqu'à satiété les titres inscrits au dos, nous quittons le magasin avec un soupir et apprenons, comme je l'ai fait, sans surprise, d'un brusque directeur de Banque, que dans les salles de Banque, on estime que tous les produits de ce genre ne sont que matière de rebut.

Mais il n'en est pas moins vrai que dans l'expérience privée d'un homme, il est des livres d'une telle importance qu'ils justifient à ses yeux les légendes de Cornelius Agrippa, de Michel Scott, ou du vieil Orphée de Thrace — des livres qui se placent dans notre vie au même rang que la famille, l'amour, les expériences passionnées, tant ils sont toniques, curatifs, révolutionnaires, ont de l'autorité — des livres qui sont l'œuvre et la preuve de facultés si larges, presque si adéquates au monde qu'elles dépeignent que, bien qu'on les enferme avec des ouvrages de moindre valeur, on sent que s'exclure d'eux, c'est accuser sa manière de vivre.

Considérez ce que vous avez dans la plus petite bibliothèque de choix. Une société formée des hommes les plus sages et les plus intelligents que l'on puisse distinguer en mille ans, dans toutes les contrées civilisées, a fixé dans l'ordre le meilleur le résultat de son savoir et de sa sagesse. Ces hommes ont vécu eux-mêmes cachés et inaccessibles, solitaires, impatients de toute interruption, protégés par l'étiquette; mais la pensée qu'ils ne découvraient pas à l'ami de leur âme est là, écrite en mots transparents pour nous, étrangers d'un autre âge.

Nous devons aux livres ces avantages généraux qui viennent d'une haute influence intellectuelle. Ainsi, je crois que nous leur devons souvent la perception de l'immortalité. Ils communiquent aux forces morales une activité sympathique. Allez avec des gens mesquins, et vous jugerez la vie mesquine. Lisez ensuite Plutarque, et le monde vous semblera un lieu noble, peuplé d'hommes aux qualités réelles, de héros et de demi-dieux qui se tiennent autour de nous, et ne permettent pas que nous nous endormions. De plus, ils font appel à l'imagination : la poésie seule inspire la poésie. Ils deviennent la culture essentielle de l'époque. L'éducation du Collège consiste dans la lecture de certains livres où le bon sens de tous les scholars s'accorde à voir la science antérieurement accumulée. Si vous les connaissez — si, par exemple, en géométrie vous avez lu Euclide et Laplace — votre opinion a quelque valeur; si vous les ignorez, vous n'avez pas qualité pour donner votre opinion sur le sujet. Chaque fois que quelque sceptique ou quelque bigot prétend qu'on l'écoute sur les questions d'intelligence et de morale, nous demandons s'il s'est familiarisé avec les livres de Platon où toutes ses objections impertinentes ont été écartées une fois pour toutes. S'il ne l'a pas fait, il n'a aucun droit à notre temps. Qu'il aille à ces livres et s'y trouve lui-même réfuté.

Cependant les Collèges, alors qu'ils nous fournissent des bibliothèques, ne nous offrent pas de professeurs de lectures, et je crois qu'il n'est pas de chaire dont on ait plus besoin. Dans une bibliothèque, nous sommes entourés d'une centaine d'amis chers, mais ils sont enfermés par un enchanteur en ces geôles de papier et de cuir; et, quoiqu'ils nous connaissent, qu'ils nous aient attendus deux, dix ou vingt siècles — du moins quelques-uns d'entre eux — et aient hâte de nous faire signe et de s'ouvrir à nous, c'est une loi de leur prison qu'ils ne puissent parler tant qu'on ne leur parle pas; et l'enchanteur les ayant habillés de manteaux et de jaquettes d'une seule couleur, par mille et par dix mille, ainsi que des bataillons d'infanterie, c'est par la règle arithmétique des Permutations et des Combinaisons qu'il faut calculer votre chance de mettre la main sur le livre voulu ; ce n'est pas un choix à faire entre trois cases, mais entre un demi-million de cases toutes pareilles. Mais d'après notre expérience, il arrive que dans cette loterie, on perd au moins cinquante ou cent coups avant d'en gagner un. Il semble donc que si, après avoir perdu beaucoup de temps parmi les livres faux et s'être arrêté à un petit nombre de vrais livres qui l'ont rendu heureux et sage, un esprit charitable voulait nommer ceux qui lui ont servi de pont ou de vaisseau pour le porter sain et sauf par delà les sombres marécages et les océans stériles au cœur des cités sacrées, dans les palais et les temples, il ferait œuvre bonne. Ce sont ces grands maîtres des livres qui apparaissent de loin en loin qui feraient le mieux la chose — les Fabrici, Selden, Magliabecchi, Scaliger, Mirandole, Bayle, Johnson, dont les yeux embrassent tout l'horizon du savoir. Mais des lecteurs particuliers, ne lisant le livre que par amour, nous rendraient service en nous laissant chacun l'indication la plus brève de ce qu'il a trouvé.

Il est des livres ; et il est possible de les lire parce qu'il y en a très peu. Nous jetons en soupirant un coup d'œil aux bibliothèques monumentales de Paris, du Vatican et du British Museum. En 1858, on estimait que le nombre des livres imprimés à la Bibliothèque impériale de Paris s'élevait à huit cent mille, avec un accroissement annuel de douze mille volumes, de sorte que le nombre des livres imprimés existant aujourd'hui peut aisément dépasser un million. Il est

facile de calculer le nombre de pages qu'un homme
diligent peut lire en un jour, et le nombre d'années
que la vie humaine, en des circonstances favorables,
permet de donner à la lecture ; et cela pour arriver à
prouver que, alors même que pendant soixante ans on
lirait de la pointe du jour à la tombée de la nuit, on
mourrait aux premiers casiers. Mais rien n'est plus
décevant qu'un pareil calcul, là où la méthode naturelle est la seule qui vaille réellement. Je visite parfois la Bibliothèque de Cambridge, et il est rare que
je puisse y aller sans renouveler ma conviction que
le meilleur en est déjà à la maison, entre les quatre
murs de mon cabinet de travail. L'inspection du cata-
logue me ramène continuellement au petit nombre
d'écrivains qui sont dans chaque bibliothèque privée ;
et il ne permet d'y faire que des additions acciden-
telles et des plus légères. Les multitudes et les siècles de livres ne sont que des commentaires et des
éclaircissements, des échos et des affaiblissements
de ce petit nombre de grandes voix du temps.

La meilleure méthode de lecture doit être une
méthode naturelle, et non un système mécanique
d'heures et de pages. Elle attache l'étudiant à la
poursuite de sa fin native, au lieu de le disperser en
une multitude de lectures à bâtons rompus. Qu'il
lise ce qui lui est propre, et n'épuise pas sa mémoire
en une foule de médiocrités. Des nations entières ont
tiré leur culture d'un seul livre — ainsi la Bible a
été la littérature aussi bien que la religion d'une
grande partie de l'Europe — Hafiz a été le génie
dominant des Perses, Confucius des Chinois, Cervantes des Espagnols ; de même, l'intelligence
humaine gagnerait peut-être à ce que tous les écri-

vains secondaires fussent perdus — par exemple, en Angleterre, tous, excepté Shakespeare, Milton, et Bacon — car la réflexion serait plus profondément attirée vers ces merveilleux esprits. Avec son propre génie pour guide, que l'étudiant lise un livre ou qu'il en lise beaucoup, il lira avec profit. Le Dr Johnson disait : « Pendant que vous vous arrêtez à délibérer quel livre votre fils devra lire tout d'abord, un autre garçon aura lu les deux : lisez n'importe quoi cinq heures par jour, et vous serez bientôt savant. »

En ce domaine, la Nature se montre grandement notre amie. La Nature clarifie toujours son eau et son vin. Il n'est pas de filtrage qui puisse être aussi parfait. Elle agit avec les livres comme avec le gaz et les plantes. Il se fait toujours une sélection parmi les écrivains, puis une sélection dans la sélection. En premier lieu, tous les livres qui entrent franchement dans le courant vital du monde ont été écrits par la classe heureuse, par la classe qui affirme et qui va de l'avant, qui formule ce que des milliers sentent, quoiqu'ils ne puissent le dire. Il y a déjà eu un examen sévère, un choix parmi des centaines de jeunes auteurs, avant que la brochure ou l'article politique que vous lisez dans un journal éphémère arrive sous vos yeux. Tous ceux-ci sont des jeunes gens entreprenants qui présentent leur œuvre à l'oreille sage du temps, lequel s'assoit, pèse et, dix ans après, sur un million de pages en réimprime une. Elle est encore jugée, vannée dans tous les cribles de l'opinion, et quelle terrible sélection s'opère avant qu'elle soit réimprimée vingt ans plus tard — et réimprimée après un siècle ! C'est comme si Minos et

Rhadamante avaient confirmé le jugement. C'est donc une économie de temps de lire les livres anciens et célèbres. Rien de ce qui n'est bon ne peut être conservé; et je sais d'avance que Pindare, Martial, Térence, Gallien, Képler, Galilée, Bacon, Érasme, More, doivent être supérieurs à l'intelligence moyenne. Chez les contemporains, il n'est pas si facile de distinguer entre la notoriété et la renommée.

Veillez donc à ne lire aucun livre médiocre. Évitez les élucubrations de la presse sur les bagatelles du jour. Ne lisez pas ce que vous apprendrez, sans le demander, dans la rue et le train. Le Dr Johnson disait qu' « il allait toujours dans les grands magasins », et les bons voyageurs descendent toujours dans les meilleurs hôtels; car, bien qu'ils soient plus dispendieux, l'on n'y dépense pas beaucoup plus, et l'on y trouve la bonne société et les meilleures informations. De même, le scholar sait que les livres célèbres contiennent, du premier au dernier, les meilleures pensées et les meilleurs faits. De temps à autre, par quelque chance exceptionnelle, se trouve dans quelque stupide Grub Street[1] la pierre précieuse dont nous avons besoin. Mais c'est dans les meilleurs cercles que l'on a les meilleures informations. Si vous transportiez le total de vos lectures, jour après jour, de la gazette aux auteurs classiques — Mais qui oserait parler d'une telle chose?

Il est donc trois règles pratiques que j'ai à offrir.
— 1° Ne lisez jamais un livre qui ne soit vieux d'un an.

---

1. Rue du vieux Londres, autrefois célèbre par sa population d'écrivains à gages, et d'auteurs de vingtième ordre (T.).

2° Ne lisez jamais que des livres célèbres. 3° Ne lisez jamais que ce que vous aimez; comme le dit Shakespeare :

> Il n'est point de profit quand il n'est pas de joie :
> En un mot, étudiez ce qui vous plaît le mieux.

Montaigne dit : « Les livres sont un plaisir languissant; » mais je trouve que certains livres ont une force vitale et génératrice, ne laissent pas le lecteur tel qu'il était : en fermant le volume, il se sent enrichi. Je voudrais ne jamais lire d'autres livres que ceux-là. Et au risque de rédiger une liste de vieux classiques et de manuels, je vais tenter d'énumérer le petit nombre de livres dont un lecteur ordinaire doit se servir avec reconnaissance [1].

Parmi les anciens livres grecs, je pense qu'il en est cinq dont nous ne pouvons nous passer. 1° Homère qui, en dépit de Pope et de toute la docte clameur des siècles, a réellement le feu sacré, convient aux esprits simples, est le germe véritable et adéquat de la Grèce, et occupe dans l'histoire une position telle que rien ne pourrait le remplacer. C'est une loi de toutes les littératures que la meilleure histoire est encore la poésie. Il en est ainsi en Hébreux, en Sanscrit, en Grec. C'est par Shakespeare que l'on connaît le mieux l'histoire anglaise, et comme on la connaît par Merlin, Robin Hood, et les Ballades écossaises ! — comme on connaît l'histoire allemande par le poème des Niebelungen — l'histoire espagnole par le Cid !

---

1. La liste d'Emerson est peut-être moins intéressante par elle-même, que par ce qu'elle fait entrevoir de la culture américaine dans la seconde moitié du XIXe siècle (T.)

George Chapman a donné d'Homère une traduction poétique, quoique la plus littérale version en prose soit la meilleure de toutes les traductions. 2° Hérodote, dont l'histoire contient des anecdotes inappréciables qui l'ont mise chez les savants en une sorte de mésestime ; mais de nos jours, où l'on a découvert que ce qu'il y a de plus mémorable dans l'histoire c'est un petit nombre d'anecdotes, et que nous n'avons pas besoin de nous alarmer bien que nous n'y trouvions rien d'ennuyeux, elle reprend crédit. 3° Eschyle, le plus grand des trois tragiques, qui nous a présenté sous un voile transparent les commencements de l'Europe. « Prométhée » est un poème qui a la même noblesse et la même portée que le livre de Job, ou l'Edda des Scandinaves. 4° Platon dont j'hésite à parler, de peur de ne jamais finir. Vous y trouvez ce que vous avez déjà trouvé dans Homère, mais mûri, arrivé à la pensée — le poète converti en philosophe, avec des accents d'une sagesse harmonieuse plus élevés que ceux auxquels Homère a atteint, comme si Homère était l'adolescent, et Platon, l'homme achevé ; avec autant de sûreté toutefois dans le chant audacieux et parfait, quand il veut en user, et des cordes empruntées à un ciel supérieur. Il contient l'avenir, comme il sort du passé. En Platon, vous pénétrez l'Europe moderne en ses causes et son germe — tout cela, en pensées que l'histoire de l'Europe incarne ou a encore à incarner. L'homme instruit s'y trouve anticipé lui-même. Platon est au même point que lui. Rien ne lui a échappé. Toute récolte nouvelle dans la fertile moisson des réformes, toute idée neuve de l'humanité moderne, se retrouve là. Si l'étudiant désire envisager les deux côtés, désire rendre justice à l'homme du monde, dénoncer sans pitié les pédants, et voir la suprématie de la vérité et du sentiment religieux, il sera également satisfait. Pourquoi ne ferait-on pas avec cette œuvre l'éducation des jeunes gens ? Elle suffirait à instruire la race — à éprouver sa compréhension et à exprimer son jugement. On y trouverait ce qui a tant d'attraits pour tous les hommes — dirai-je la littérature de l'aristocratie ? — la peinture, par le premier maître, des meilleurs êtres, des meilleurs sentiments, et des meilleures manières de l'époque la meilleure — les portraits de Périclès, d'Alcibiade, de Criton, de Prodicus, de Protagoras, d'Anaxagore, de Socrate avec, à l'arrière-plan, l'aimable paysage d'Athènes et de sa campagne. Ou qui pourrait exagérer la valeur des images dont Platon a enrichi l'esprit des hommes, et qui passent comme la monnaie dans la circulation de tous les pays ? Lisez le *Phédon*, le *Protagoras*, le *Phèdre*, le *Timée*, la *République*, et l'*Apologie de Socrate*. 5° Plutarque, qui ne peut être retranché de la plus petite bibliothèque ; d'abord, parce qu'il est très facile à lire, ce qui est beaucoup ; ensuite, parce qu'il a quelque chose d'hygiénique et de fortifiant. Les *Vies* de Cimon, de Lycurgue, d'Alexandre, de Démosthène, de Phocion, de Marcellus et autres, sont ce qu'il y a de meilleur dans l'histoire. Mais cet ouvrage a fait son chemin lui-même, et l'opinion du monde s'exprime dans les innombrables éditions à bon marché qui le rendent aussi accessible qu'un journal. Mais la *Morale* de Plutarque est moins connue, et rarement réimprimée. Cependant le lecteur à qui je m'adresse peut aussi difficilement s'en passer que des *Vies*. Il y lira les Essais

« Sur le Démon de Socrate », « Sur Isis et Osiris », « Sur les progrès dans la Vertu », « Sur le Bavardage », « Sur l'Amour », et remerciera de nouveau l'art de l'imprimerie et les heureuses sphères de la pensée antique. Plutarque, charme par l'aisance de ses associations d'idées ; de sorte que peu importe l'endroit où vous ouvrez son livre, vous vous trouvez aux banquets de l'Olympe. Sa mémoire est comme les Jeux isthmiques, où tout ce qu'il y avait d'excellent en Grèce se trouvait réuni ; et vous êtes stimulé et fortifié par des vers lyriques, des sentiments philosophiques, la figure et la manière d'être des héros, le culte des dieux, et un défilé de bandelettes, de couronnes de persil et de lauriers, de chariots, d'armures, de coupes sacrées, et d'instruments de sacrifice. C'est une inestimable trilogie d'antiques peintures sociales que les trois « Banquets » respectifs de Platon, de Xénophon, et de Plutarque. Plutarque est celui qui se rapproche le moins de l'exactitude historique ; mais la réunion des Sept Sages est une charmante représentation des manières et des discours antiques, aussi claire qu'une voix de fifre, aussi divertissante qu'un roman français. La description des mœurs athéniennes par Xénophon complète Platon, et fournit des traits de Socrate ; tandis que Platon a des mérites de toutes sortes — il est un répertoire de la sagesse des Anciens sur la question de l'amour — un tableau d'une fête de l'esprit, non moins descriptif que les peintures d'Aristophane — et contient, enfin, cet éloge ironique de Socrate qui est la source d'où l'on a tiré tous les portraits de ce philosophe répandus en Europe.

Naturellement, il faut avoir un certain aperçu de

l'Histoire grecque, aperçu où les époques et les figures importantes seront mises exactement à leur place; mais le plus court est le meilleur; et si l'on n'a pas la force de digérer les volumineuses annales de M. Grote, on pourra se servir du viel abrégé facile et populaire de Goldsmith, ou de celui de Gillies. La partie importante est l'époque de Périclès et la génération qui a suivi. Et ici, il nous faut lire *les Nuées* d'Aristophane, et tout ce que nous pourrons nous accoutumer à absorber de ce maître, pour apprendre à nous guider dans les rues d'Athènes et à connaître la tyrannie d'Aristophane — tyrannie qui exigeait plus de génie et non moins de cruauté que celle des maîtres officiels. Grâce aux travaux de Mitchell et de Cartwright, avec nombre de précieux commentaires, Aristophane est maintenant très accessible. Un livre populaire excellent est *L'Ancienne Grèce*, de J. A. Saint-John; *La Vie et les Lettres* de Niebuhr, plus encore que ses Conférences, fournissent des idées directrices; et Winckelmann, un Grec né après le temps voulu, est devenu indispensable à l'étude intime du génie attique. Le secret des récents travaux d'histoire, en Allemagne et en Angleterre, consiste en une découverte, due d'abord à Wolf et plus tard à Bœckh — à savoir, que c'est de Démosthène, en particulier de ses discours d'affaires, et des poètes comiques, qu'il faut tirer la véritable histoire de la Grèce à cette époque.

Si, par des degrés naturels, nous descendons un peu du maître au disciple, nous trouvons, six ou sept siècles plus tard, les Platoniciens — qu'on ne peut non plus négliger — Plotin, Porphyre, Proclus, Synésius, Jamblique. L'empereur Julien disait de

Jamblique qu'il venait après Platon au point de vue du temps, non du génie. En ce qui concerne Plotin, nous avons les éloges de Porphyre et de Longin, et les faveurs de l'Empereur Gallien — montrant le respect qu'il inspira à ses contemporains. Si après avoir lu avec intérêt *Isis et Osiris*, par Plutarque, quelqu'un veut lire dans Synésius le chapitre intitulé « Providence », traduit en anglais par Thomas Taylor, il trouvera là un des restes majestueux de la littérature et, comme un homme marchant dans le plus sublime des temples, il concevra une gratitude nouvelle pour ses semblables, et une nouvelle appréciation de leur noblesse. Le scholar doué d'imagination trouvera pour son esprit peu de stimulants pareils à ces auteurs. Il entrera dans les Champs-Élyséens; et les grandes et agréables figures de dieux, de démons, d'êtres démoniaques, de divinités de l'air et des eaux, de démons aux yeux fulgurants, et tout le reste de la rhétorique platonicienne, un peu exagéré par le soleil d'Afrique, flotteront devant ses yeux. L'assistant est monté sur le trépied de la grotte de Delphes, son cœur bondit, sa vue est plus perçante. Ces guides parlent des dieux avec autant de profondeur et de détails pittoresques que s'ils avaient réellement assisté aux festins de l'Olympe. Le lecteur de ces livres apprend à connaître de nouveau son propre esprit, de nouvelles régions d'idées lui sont ouvertes. La *Vie de Pythagore*, par Jamblique, agit plus directement que les autres sur la volonté, car Pythagore était un homme éminemment pratique, fondateur d'une école d'ascètes, créateur de colonies, et nullement un homme adonné aux seules études abstraites.

Les traductions respectables, et quelquefois excellentes, de la librairie Bohn ont fait pour la littérature ce que les chemins de fer ont fait pour les relations internationales. Je n'hésite pas à lire tous les livres que j'ai nommés, et tous les bons livres, en des traductions. Ce qui a réellement de la valeur en un livre est traduisible — toute intuition réelle ou tout large sentiment humain. Qui plus est, je remarque que dans notre Bible, et dans les autres livres de haut accent moral, il semble aisé et inévitable de rendre le rythme et la musique de l'original en des phrases également harmonieuses. L'Italien a un trait blessant contre les traducteurs — *i traditori traduttori*; mais je les remercie. Je lis rarement un livre latin, grec, allemand, italien, ou même un livre français, dans l'original. J'aime me sentir redevable à la grande langue anglaise métropolitaine, mer recevant des fleuves de toutes les régions qui sont sous les cieux. Je songerais tout autant à traverser la rivière Charles à la nage quand je désire aller à Boston, qu'à lire tous mes livres dans le texte original, quand je puis en avoir la traduction dans ma langue maternelle.

Pour l'histoire, il est un grand choix de routes qui font pénétrer l'étudiant dans la Rome primitive. S'il peut lire Tite-Live, il a là un bon ouvrage; mais il devra se servir d'un des brefs compendium anglais, de Goldsmith ou de Ferguson, qui placeront dans l'orbe les brillantes étoiles de Plutarque. Le poète Horace est la perle de l'âge d'Auguste; Tacite est le plus sage des historiens; et Martial l'initiera aux mœurs romaines — dont quelques-unes très mauvaises — des premiers jours de l'Empire : mais si on lit Martial, il faut le lire dans l'original. Ces auteurs

l'amèneront à Gibbon qui le prendra par la main et
le conduira avec beaucoup d'agrément — en indiquant tous les détails remarquables de la route — à
travers une période de quatorze cents ans. Il ne peut
se passer de Gibbon, avec ses vastes lectures — avec
tant d'esprit et tant de suite dans les idées que, bien
qu'il ne soit jamais profond, son livre est un des
bienfaits de la civilisation, comme le nouveau chemin
de fer d'un océan à l'autre — et je crois qu'il
renverra sûrement le lecteur à ses *Mémoires* sur
lui-même, et aux *Extraits de mon Journal*, aux
Extraits de mes Lectures, qui pousseront le plus
paresseux des scholars à rivaliser avec son œuvre
prodigieuse.

Parvenu maintenant sain et sauf jusqu'à la chute
de Constantinople, en 1453, notre flâneur est en très
bon chemin, car il est ici des guides fidèles qui
l'attendent. Les faits capitaux de l'histoire de l'Europe sont vite appris. Voici le poème de Dante, pour
introduire dans les Républiques italiennes du moyen
âge; la *Vita nuova* pour expliquer Dante et Béa-
trix; et la *Vie de Dante*, par Boccace — grand
homme pour en peindre un plus grand. Pour nous
aider, un volume ou deux de M. Sismondi sur *Les
Républiques italiennes* vaudront autant que les seize
volumes entiers. Arrivé à Michel-Ange, il faut lire
ses *Sonnets* et ses *Lettres*, avec sa *Vie* par Vasari, ou,
de nos jours, par Hermann Grimm. Pour l'Église et
le système féodal, *Le Moyen âge*, de M. Hallam
fournira des aperçus qui, s'ils sont superficiels, peuvent cependant se lire et donnent une esquisse intelligible.

La *Vie de l'Empereur Charles V*, par Robertson,

reste encore la clé de la période qui suit. Ximénès, Colomb, Loyola, Luther, Érasme, Mélanchton, François I, Henri VIII, Élisabeth, et Henri IV de France, sont ses contemporains. C'est un temps de semences et d'épanouissement, dont notre civilisation est le fruit.

Si maintenant les rapports entre l'Angleterre et les questions européennes l'amènent sur le terrain britannique, le voilà arrivé au moment précis où l'histoire moderne prend de nouvelles proportions. Pour les légendes et la mythologie, il peut se reporter au *Younger Edda* et au *Heimskringla*, de Snorro Sturleson, aux *Antiquités du Nord*, de Mallet, aux *Romances métriques*, d'Ellis, à la *Vie d'Alfred*, d'Asser, à Bède le Vénérable, et aux recherches de Sharon Turner et de Palgrave. Hume lui sera un guide éclairé, et durant l'âge d'Élisabeth, il est à la période la plus riche de l'esprit anglais, avec les principaux hommes d'action et de pensée que cette nation a produits, et a devant lui un fécond avenir. Là, il trouve Shakespeare, Spenser, Sidney, Raleigh, Bacon, Chapman, Jonson, Ford, Beaumont et Flechter, Herbert, Donne, Herrick ; et Milton, Marvell, et Dryden, peu de temps après.

En lisant l'histoire, il doit préférer l'histoire des individus. Il ne regrettera pas le temps donné à Bacon — il ne le regrettera pas, s'il a lu *Le Progrès de la Science*, les *Essais*, le *Novum Organum*, l'*Histoire d'Henri VII*, et ensuite toutes les *Lettres*, (particulièrement celles qu'il adressa au comte de Devonshire, expliquant l'affaire d'Essex), et toute son œuvre, sauf ses *Apophthegmes*.

La tâche est facilitée par toute la clarté mutuelle

que ces esprits jettent l'un sur l'autre. Ainsi, les
œuvres de Ben Jonson sont une sorte de lien qui rattache tous ces êtres supérieurs les uns aux autres, et
au pays auquel ils appartiennent. Il a écrit des vers
à tous ses contemporains notables, ou sur eux-mêmes;
tant il y a, qu'avec toutes ses poésies de circonstances, les portraits esquissés dans ses *Découvertes*, et le compte rendu bavard de ses conversations avec Drummond ou Hawtthornden, il a réellement illustré l'Angleterre de son temps, de la même
manière, sinon au même degré, dont Walter Scott a
célébré les personnages et les paysans de l'Écosse.
Walton, Chapman, Herrick, et sir Henry Wotton,
écrivent aussi pour les temps à venir.

Parmi les meilleurs livres, se placent certaines
autobiographies, comme *Les Confessions* de saint
Augustin, la *Vie de Benvenuto Cellini*, les *Essais* de
Montaigne, les *Mémoires* du cardinal de Retz, *Les
Confessions* de Rousseau, le *Journal* de Linné, les
Autobiographies de Gibbon, de Hume, de Franklin,
de Burns, d'Alfieri, de Gœthe, et de Haydon.

Un autre genre de livres intimement liés à ceux-ci,
et d'un intérêt pareil, sont ceux que l'on peut appeler
« Propos de Table » : les meilleurs d'entre eux sont le
Gulistan, de Saadi, les *Propos de Table* de Luther, les
Vies d'Aubrey, les *Anecdotes* de Spence, les *Propos
de Table* de Selden, les *Conversations d'Eckermann
avec Gœthe*, les *Propos de Table* de Coleridge, et la
Vie de Northcote, par Hazlitt.

Il est une classe de livres dont j'exprimerai la
valeur en leur donnant le titre de « Favoris » : tels
sont les *Chroniques* de Froissart, la *Chronique du
Cid*, par Southey, Cervantes, les *Mémoires* de Sully,

Rabelais, Montaigne, Isaac Walton, Evelyn, sir Thomas Brown, Aubrey, Sterne, Horace Walpole, lord Clarendon, le docteur Johnson, Burke, déversant des flots de lumière sur son temps, Lamb, Landor et De Quincey — liste que naturellement il est facile d'allonger, car elle dépend des goûts individuels. Quand il s'agit de leurs préférences en ces matières, beaucoup de gens sont aussi susceptibles et irritables que des amoureux. En vérité, la bibliothèque d'un homme est une sorte de harem, et je remarque que les lecteurs délicats ont une grande pudeur à montrer leurs livres à un étranger.

Les annales de la Bibliographie fournissent de nombreux exemples du développement insensé que la passion des livres peut prendre, quand le plaisir légitime que donne le livre est transféré à une édition rare ou à un manuscrit. Cette folie atteignit son point culminant vers le commencement de ce siècle. Pour un autographe de Shakespeare, on donna cent cinquante-cinq guinées. Au mois de mai 1812, on vendit la Bibliothèque du duc de Roxburgh. La vente dura quarante-deux jours et — nous abrégeons le récit de Dibdin — parmi les nombreuses curiosités, se trouvait un exemplaire de Boccace, publié par Valdarfer, à Venise, en 1471, seul exemplaire parfait de cette édition. Parmi le public distingué qui assistait à la vente se trouvait le duc de Devonshire, le comte Spencer, et le duc de Malborough, alors marquis de Blandford. La mise à prix était de cinq cents guinées[1]. « Mille guinées », dit le comte Spencer. Et « dix », ajouta le marquis. Vous auriez pu entendre tomber

---

1. La guinée vaut environ vingt-cinq francs (T.)

une épingle. Tous les yeux étaient fixés sur les enchérisseurs. Tantôt ils causaient à part, tantôt ils mangeaient un biscuit, ou faisaient un pari, mais sans la moindre pensée de se céder mutuellement. Mais, pour passer quelques détails, le débat continua jusqu'à ce que le marquis déclarât : « Deux mille livres ». Le comte Spencer était ainsi qu'un général prudent qui pense au sang inutilement versé et à la poudre perdue, et il s'était arrêté un quart de minute, lorsque lord Althrop vint près de lui à grands pas, comme pour apporter à son père de nouvelles armes afin de renouveler le combat. Le père et le fils parlèrent ensemble à voix basse, et le comte Spencer s'écria : « Deux mille deux cent cinquante livres ! » Un courant électrique parcourut l'assemblée. Et « dix, » ajouta tranquillement le marquis. Ici se termina la lutte. Avant de laisser retomber le marteau, Evans s'arrêta ; l'instrument d'ivoire coupa l'air ; quand le marteau retomba, les spectateurs restèrent muets. Le bruit de sa chute résonna jusqu'aux rives les plus lointaines de l'Italie. Le coup de ce marteau fut entendu dans les bibliothèques de Rome, de Milan, et de Venise. Boccace tressaillit dans son sommeil de cinq cents ans, et M. Van Praet fouilla en vain les riches bibliothèques de Paris pour découvrir un exemplaire du célèbre Boccace édité par Valdarfer.

Il est une autre classe de livres que je désigne sous le nom de « Vocabulaires ». *L'Anatomie de la Mélancolie* de Burton, est un livre de savoir profond. Le lire, c'est lire un Dictionnaire. C'est un inventaire qui nous rappelle combien il est de classes et d'espèces de faits et, en observant les chemins étranges et multiples par lesquels le savoir humain a erré, il nous permet de concevoir notre richesse. Un dictionnaire n'est pas non plus un livre inutile à lire. Il n'y a pas d'affectation en lui, pas d'excès d'explications, et il est plein de suggestions — c'est la matière brute de poèmes et d'histoires possibles. Rien n'y manque, qu'un peu d'arrangement, de triage, de lien, et de cartilage. Entre cent exemples, le livre de Cornelius Agrippa *Sur la Vanité des Arts et des Sciences* est un spécimen de ce besoin d'écrire qui s'était tourné en habitude chez les lecteurs gloutons de son époque. Comme les Allemands modernes, ils lisaient toute une littérature là où les autres mortels ne lisent que quelques livres. Ils lisaient avec voracité, et il leur fallait se décharger; aussi ils prenaient un sujet général quelconque, comme la Mélancolie, l'Éloge de la Science, ou l'Éloge de la Folie, et écrivaient ou citaient sans méthode et sans fin. De temps à autre, de ce débordement de savoir, surgit une maxime délicate de Théophraste, de Senèque, ou de Boèce; mais nulle méthode élevée, nulle influence inspirante. Mais personne n'a le temps de lire uniquement pour un petit nombre de maximes; elles ne sont bonnes que comme liens entre des mots suggestifs.

Il est une autre classe de livres plus utile à l'âge moderne, parce que les courants de la mode vont maintenant en une autre direction, et nous laissent à sec de ce côté — j'entends les livres « imaginatifs ». Une métaphysique exacte devrait faire leur part aux puissances coordonnées de l'Imagination, de l'Intuition, de l'Entendement, et de la Volonté. La Poésie, avec ses auxiliaires de la Mythologie et de la Fiction, doit être accordée à un être d'imagination. Les hommes tombent toujours en un misérable état, où tout ce qui n'est pas chiffres, c'est-à-dire tout ce qui ne sert pas à l'animal tyrannique, est rejeté hors de vue. Nos orateurs et nos écrivains ont la même indigence, et dans cette Foire aux vieux habits, on ne fait appel ni à l'imagination, la grande puissance évocatrice, ni à la Morale, créatrice du génie et des hommes. Mais quoique les orateurs et les poètes soient de ce parti affamé, la faculté demeure. Il nous faut des symboles. L'enfant demande une histoire, et est reconnaissant de la plus pauvre. Elle n'est pas pauvre pour lui, mais d'une signification rayonnante. L'homme demande un roman — c'est-à-dire demande à être poète pendant quelque temps, et à peindre les choses comme elles devraient être. Le jeune homme demande un poème. Les sots eux-mêmes désirent aller au théâtre. Quels cieux intérieurs ne pouvons-nous pas ouvrir, en nous abandonnant à toutes les suggestions d'une puissante musique! Il nous faut des idoles, une mythologie — quelque impulsion et quelque marge pour le pouvoir créateur gisant replié et entravé, et conduisant les natures ardentes à la folie et au crime s'il ne trouve pas d'issue. Sans les arts sublimes qui parlent au sens du beau, l'homme me semble une pauvre créature, nue et frisonnante. Ce sont là les draperies qui lui siéent, qui le réchauffent et le parent. Tandis que la mentalité prudente et économe du monde affame l'imagination, la Nature injuriée se procure le genre de compensations qu'elle peut avoir. Le roman est cette compensation et ce divertissement que l'imagination trouve. Toute autre chose la maintient terre à terre, et comme remède les hommes courent à Byron, Scott, Disraeli, Dumas, Sand, Balzac, Dickens, Thackeray, et Reade. Leur éducation est négligée ; mais la bibliothèque circulante et le théâtre, comme la pêche à la truite, les Montagnes Notch, la campagne de l'Adirondack, un voyage au Mont Blanc, aux Montagnes Blanches, et aux Ghats, fournissent les compensations qu'ils peuvent.

L'imagination infuse un certain sentiment de légèreté et d'enivrement. Elle possède une flûte qui fait entrer en danse les atomes de notre constitution, comme des planètes ; et, une fois ainsi libérés, une fois l'homme tout chancelant et grisé de musique, ils ne retournent jamais à leur ancien état pétrifié. Mais qu'est-ce que l'imagination? Ce n'est que le bras ou l'arme de l'énergie intérieure ; ce n'est qu'un précurseur de la raison. Et les livres qui traitent les vieux pédantismes du monde, notre époque, les situations, les professions, les coutumes, les opinions, l'histoire, avec une certaine liberté, qui classent les choses non d'après les usages de l'Amérique et de l'Europe, mais d'après les lois de la droite raison, et avec une indépendance aussi hardie que celle dont nous usons en rêve, nous mettent de nouveau debout, nous rendent capables de juger personnellement de nos devoirs, et nous suggèrent pour le lendemain des pensées nouvelles.

Lucrezia Floriani, *Le Péché de M. Antoine*, *Jeanne*, et *Consuelo*, de George Sand, marquent de grands progrès sur les romans au dénouement unique, que nous lisions tous il y a vingt ans. Cependant, comme les romans sont encore loin de la vie, des habitudes et des mobiles d'action! La vie gît autour ne nous; le présent, tel que nous le connaissons, n'a pas encore trouvé sa voix. Ces histoires sont aux intrigues de la vie réelle ce que les figures de *La Belle Assemblée*, qui décrit la mode du mois, sont aux portraits. Mais un jour le roman trouvera le chemin de nos intérieurs, et ne sera pas constamment le simple roman de costumes. Je ne le crois pas actuellement sans influence. Tant de lectures de romans ne peuvent rester sans action sur les jeunes hommes et les jeunes filles; et certainement ils donnent quelque dignité à l'âge actuel. La jeunesse apprend les nobles manières; l'acteur, dans *Consuelo*, insiste sur le fait que, sur les planches, lui et ses confrères ont enseigné aux princes l'étiquette affinée et les gestes de dignité et de grâce qu'ils observent dans leurs villas et parmi leurs dépendants, et qui font tant d'effet; de même, je vois souvent les traces des romans écossais et français dans la courtoisie et le brillant des jeunes enseignes de vaisseau, des collégiens, et des employés. En vérité, quand on voit combien les gens rendent leurs amours et leurs querelles inélégantes et laides, on déplore qu'ils ne lisent pas un peu plus de romans pour introduire dans leur vie les nobles générosités, la conduite claire et ferme, qui conviennent aussi bien aux unions et aux séparations que l'amour accomplit sous des toits de bois, qu'à celles qu'il accomplit dans les palais et parmi d'illustres personnages.

Dans les romans, on commence à discuter les questions les plus sérieuses. D'où vient la popularité de *Jane Eyre*, sinon qu'on y a répondu d'une certaine façon à une question capitale? La question à laquelle on répond en ce qui concerne un mauvais mariage sera toujours traitée suivant les habitudes des intéressés. Un être d'un individualisme qui s'impose répondra à la question comme le fait Rochester — comme le font Cléopâtre, Milton, George Sand — grandissant l'exception à la hauteur d'une règle, réduisant la société à l'état d'exception. Un être de moins de courage, c'est-à-dire de moindre personnalité, répondra comme le fait l'héroïne — en cédant au sort, aux conventions, à la condition et aux habitudes actuelles des hommes et des femmes.

En général, nous lisons des romans par amour du succès. Nous admirons les parcs, les beautés de haute naissance, et les hommages des salons et des Parlements. Ils nous rendent sceptiques, en donnant la prééminence à la richesse et à la position sociale.

Je me rappelle le jour où certains yeux observateurs de jeunes garçons découvrirent que les oranges qui pendaient aux branches d'un oranger sur une gaie « piazza » étaient attachés à la queue par un fil. Je crains qu'il n'en soit de même pour les succès qu'on voit dans les romans. La Nature a un procédé magique par lequel elle adapte l'individu à son destin, en en faisant un fruit de son caractère. Mais le romancier cueille cet événement-ci et cet avantage-là, et les attache inconsidérément à ses personnages, pour gratifier l'imagination de ses lecteurs d'un succès qui la rassasie, ou les épouvanter de coups dramatiques. Et ainsi, dans l'ensemble, c'est une jonglerie. Nous sommes induits au rire ou à l'étonnement par des exploits qui ne sont qu'une combinaison bizarre des actes que nous faisons tous les jours. Il n'y a pas d'éléments nouveaux, pas de puissance, pas de progrès. Ce n'est qu'une chose fabriquée, non la production d'une moisson nouvelle. Grande est la pauvreté de leurs inventions. *Elle était belle, et il tomba amoureux.* L'argent, le meurtre, le Juif errant, le fait de persuader à l'amoureux que sa fiancée est engagée à un autre, ce sont là les grands ressorts : il y a des noms nouveaux, mais aucune qualité nouvelle chez les hommes et les femmes. D'où le vain effort pour conserver quelque fragment de cet or féerique, qui a roulé comme un ruisseau à travers nos doigts. Mille pensées se sont éveillées ; de grands arcs-en-ciel ont paru embraser l'horizon — c'était comme un matin dans la montagne — mais nous fermons le livre, et pas un rayon ne demeure dans la mémoire du soir. Mais cette passion pour le romanesque, et ce désappointement, montrent combien nous avons besoin d'attitudes réelles et de pure poésie : une poésie qui nous montrera dans les matins et les nuits, dans les étoiles et les montagnes, et dans toutes les conditions et les circonstances des hommes, une analogie avec nos propres pensées, et la similitude des impressions que font un livre vrai et l'aspect de la Nature.

Si notre époque est stérile en génies, nous devons nous réconforter par les livres des esprits féconds et croyants qui avaient autour d'eux de l'air et de l'espace. Toute heureuse fiction, tout mythe, toute biographie d'un âge religieux, toute événement d'amour, et même la philosophie et la science, quand elles procèdent de l'intégrité intellectuelle, et n'ont pas un caractère de détachement et de critique, contiennent un élément imaginatif. Les fictions grecques, l'histoire persane (Firdousi), le *Younger Edda* des Scandinaves, la *Chronique du Cid*, le Poème de Dante, les *Sonnets* de Michel-Ange, le Drame anglais de Shakespeare, Beaumont et Fletcher, Ford, et même la prose de Bacon et de Milton — à notre époque les Odes de Wordsworth, et les poèmes et la prose de Gœthe, ont cette puissance d'élargissement, inspirent l'espoir et les tentatives généreuses.

La place me manque — et cependant j'aurais aussi bien pu ne pas commencer que de passer sous silence une classe d'ouvrages qui sont les meilleurs : je veux dire les Bibles de l'humanité, les Livres sacrés de chaque nation, qui expriment pour chacune le résultat suprême de leur expérience. Après les Écritures en hébreu et en grec, qui constituent les Livres sacrés de la Chrétienté, ces Bibles sont le Desatir des Perses, et les Oracles de Zoroastre; les Védas et les Lois de Manou; les Upanishads, le Purana de Vishnou, le Bhagvat Geeta des Hindous; les Livres des Bouddhistes; les *Classiques chinois*, en quatre livres, qui contiennent la sagesse de Confucius et de Mencius. Il faut y joindre aussi d'autres livres qui ont acquis dans le monde une autorité à demi canonique, car ils expriment les plus hauts sentiments et l'espoir des nations. Tels sont l'*Hermès Trismégiste*, qui se donne pour un reste égyptien; les *Maximes* d'Épictète; celles de Marc-Aurèle; le *Vishnou Sarma* des Hindous; le *Gulistan* de Saadi; l'*Imitation du Christ* de Thomas à Kempis, et les *Pensées* de Pascal.

Tous ces livres sont l'expression majestueuse de la conscience universelle, et répondent mieux à nos vues quotidiennes que l'almanach de l'année ou le journal du jour. Mais ils sont pour l'intimité, et doivent être lus à genoux. Leurs messages ne sont pas faits pour être donnés ou pris des lèvres ou du bout de la langue, mais le visage enflammé et le cœur palpitant. L'affection devrait les donner et les prendre, la solitude et le temps les alimenter et les mûrir, les héros se les assimiler et les faire passer dans l'action. Ils ne se ramènent pas à des lettres imprimées sur une page, mais sont des caractères vivants qui peuvent se traduire en toutes les langues et les formes de vie. Je les lis sur les lichens et l'écorce des arbres; je les observe sur les vagues de la grève; ils volent avec les oiseaux, rampent avec les vers; je les découvre dans le rire, les rougeurs, les étincelles du regard des hommes et des femmes. Ce sont là des Écritures que par delà les prairies, les déserts, les océans, le missionnaire peut porter en Sibérie, au Japon, à Tombouctou. Cependant il trouvera que l'esprit qui est en elles voyage plus vite que lui — qu'il était là longtemps avant lui. Le missionnaire doit être porté par lui et le trouver là, sinon il voyage en vain. Y a-t-il en ces choses un élément géographique? Nous les appelons asiatiques, nous les appelons primitives; mais peut-être est-ce seulement une question d'optique; car la Nature est toujours égale à elle-même, et il y a maintenant sur notre planète des oreilles et des yeux aussi bons qu'il y en a jamais eu. Seulement, ces élans de l'âme ne se produisent qu'une fois ou un petit nombre de fois par époque, à de longs intervalles, et il faut des millénaires pour faire une Bible.

Ce sont là quelques-uns des livres que les âges anciens et les plus récents nous ont laissés, et qui récompensent du temps que l'on y donne. En comparant le nombre de bons livres avec la brièveté de la vie, on se dit qu'on en pourrait lire beaucoup par délégués, si l'on en avait de bons ; et pour les jeunes gens studieux, il serait utile de s'inspirer de l'Institut de France et de l'Association Britannique, où l'on divise tout le corps en sections pour étudier certaines matières qui lui sont confiées et faire un rapport ; de même, avec des personnes sur qui il peut compter, chaque scholar devrait s'associer en un Club littéraire, où chacun entreprendrait l'étude du volume ou de la série pour laquelle il est qualifié. Par exemple, quel n'est pas l'attrait de toute la littérature du *Roman de la Rose*, des Fabliaux, de la *gaie science*[1] des troubadours français! Cependant, à Boston, qui a du temps pour eux? Mais un membre de notre société entreprendrait le travail, les étudierait, s'en rendrait maître, ferait un rapport, comme sous serment, et nous donnerait le résultat véridique, tel qu'il le voit en son esprit, n'ajoutant rien, ne taisant rien. Pendant ce temps, un autre membre étudierait, approfondirait aussi honnêtement, et exposerait aussi véridiquement la mythologie britannique, la Table Ronde, les histoires du Brut, de Merlin, et la Poésie galloise ; un troisième ferait le même travail sur les Chroniques saxonnes, Robert de Glocester, et William de Malesbury ; un quatrième sur les Mystères, le Drame primitif, les *Gesta Romanorum*, Collier, Dyce, et la Camden Society. Chacun nous apporterait sa paillette d'or, après le lavage, et les autres décideraient alors si le livre leur est également indispensable.

1. En français, dans le texte.

LES CLUBS

LES CLUBS

Nous sommes des appareils délicats, et exigeons un traitement subtil pour tirer de nous le maximum de force ou de plaisir. Nous avons besoin de toniques, mais il nous faut ceux qui ne coûtent que peu ou point de réaction. La flamme de la vie brûle trop rapidement dans l'oxygène pur, et la nature a tempéré l'air de nitrogène. Ainsi la pensée est l'atmosphère native de l'esprit; cependant, à l'état pur, elle est un poison pour notre constitution complexe, et brûle rapidement la demeure d'argile de l'homme, à moins d'être tempérée par l'affection et la rude expérience du monde matériel. Des aliments et des climats variés, de beaux objets — et en particulier l'alternat d'une grande variété d'objets — sont une nécessité pour notre organisme exigeant. Mais nos toniques, nos jouissances, sont des pompes refoulantes qui épuisent la force qu'elles prétendent alimenter; et de tous les cordiaux que nous connaissons, le meilleur, le plus sûr, celui qui nous recrée le plus, avec le moindre dommage, c'est la société; et tout esprit sain et capable passe une grande partie de sa vie dans la société qui lui est le plus sympathique.

Nous recherchons la société avec des vues très différentes, et la matière de la conversation diffère largement en ses cercles. Quelquefois, ce sont les faits — allant des nécessités de la vie quotidienne aux derniers résultats de la sagesse — et elle passe par tous les degrés d'importance ; quelquefois, c'est l'amour, et elle est le baume de nos premiers et de nos derniers jours ; parfois, c'est la pensée, comme si la personne n'était qu'un esprit ; parfois, c'est un chant, comme si le cœur se répandait ainsi qu'un oiseau ; quelquefois, c'est une expérience. Avec quelques hommes, c'est un débat ; à l'approche d'une dispute, ils hennissent comme des chevaux. A moins que l'on ne discute, ils pensent que rien ne va. Quelques interlocuteurs excellent dans la précision avec laquelle ils formulent leurs pensées, de sorte que vous emportez d'eux quelque chose dont vous pouvez vous souvenir ; d'autres endorment la critique comme par un charme. Les femmes en particulier emploient des mots qui ne sont pas des mots — comme les pas de la danse ne sont point des pas — mais qui reproduisent l'esprit de ce dont elles parlent, comme le son de certaines cloches nous fait penser simplement à la cloche, tandis qu'au loin les carillons du clocher font surgir devant nous l'Église avec ses graves souvenirs. Les opinions des gens sont fortuites — ont un air de pauvreté. Un homme qui se regarde comme l'organe de ce dogme-ci ou de ce dogme-là est un assez triste compagnon ; mais une opinion propre à l'interlocuteur est chose aimable, réconfortante, et inséparable de son image. Et ce n'est pas non plus toujours pour causer que nous allons trouver les gens. Combien de fois nous ne disons rien! — et cependant, il nous faut aller les trouver : tel un enfant qui soupire après ses compagnons, et une fois au milieu d'eux joue tout seul. C'est uniquement de la présence que nous avons besoin. Mais une chose est certaine — en quelque mesure, le commerce de nos semblables nous est nécessaire. L'expérience des solitaires est positive — nous perdons nos journées et sommes dépouillés d'idées par absence de gens à qui parler. L'entendement ne peut pas plus se vider par sa propre action qu'un distributeur automatique.

Le pasteur va de maison en maison tous les jours de l'année pour donner aux gens le réconfort d'une conversation bienfaisante. Le médecin aide surtout de la même manière, par une causerie saine, qui met l'esprit du malade dans la disposition voulue. Dîner, promenade, coin du feu, tout a la conversation pour fin principale.

Voyez comme la nature a assuré la communication des connaissances. Il est certain que l'argent ne brûle pas plus de sortir de la poche du jeune garçon, qu'une nouvelle ne brûle dans notre mémoire jusqu'à ce que nous puissions la dire. Et dans l'activité supérieure de l'esprit, chaque perception nouvelle est accompagnée d'un frémissement de satisfaction, et en faire part à d'autres est aussi un plaisir. La pensée est l'enfant de l'intelligence, enfant conçu avec joie, et engendré avec joie.

La conversation est le laboratoire et l'atelier de l'étudiant. L'affection ou sympathie est un auxiliaire. Le désir de répondre aux besoins d'un autre esprit vous aide à éclairer votre pensée. Nous sommes possédés d'une certaine vérité, et luttons de toutes les manières pour la formuler. Chaque fois que nous disons une chose dans la conversation, nous acquérons une supériorité mécanique en la détachant et l'exprimant nettement. J'apprécie ce mécanisme de la conversation. Ce sont des poulies, des leviers et des hélices. Bien dégager la masse et la précipiter retentissante, roc solide — bloc de quartz et d'or que l'on travaillera à loisir dans les arts utiles de la vie — est un merveilleux allégement.

Quels sont les meilleurs jours qui restent dans la mémoire? Ce sont ceux où nous avons rencontré un compagnon qui l'est réellement. Qu'elles étaient douces ces heures où la journée n'était pas assez longue pour communiquer et comparer nos trésors intellectuels — les passages favoris de chaque livre, les nobles traits de nos héros, les vers délicieux que nous avions accumulés! Quel aiguillon avaient alors nos jours de solitude! Comme, après qu'il était passé, le visage de notre ami laissait encore derrière lui une lumière! Nous nous rappelons le temps où le bien le meilleur que nous pouvions demander à la fortune, c'était de nous rencontrer avec un compagnon de valeur en une cabine de navire, ou durant un long voyage dans la vieille diligence où, tous les voyageurs étant forcés de se connaître mutuellement, et les autres occupations étant hors de question, la conversation coule naturellement, les gens font rapidement connaissance et, s'ils sont bien assortis, deviennent plus intimes en un jour que s'ils avaient été voisins pendant des années.

Durant la jeunesse, dans la passion de savoir et d'acquérir, la journée est trop courte pour les livres et la foule des pensées, et nous supportons impatiemment les interruptions. Plus tard, quand les livres fatiguent, la pensée a un cours plus languissant, et il vient des jours où nous avons peur, où nous disons qu'il n'y a plus d'idées. « Quel cerveau stérile que le mien ! » s'écrie l'étudiant ; « je vais voir si j'ai perdu mes facultés. » Il cherche des personnes intelligentes, plus doctes ou moins doctes que lui, qui stimulent son esprit, et soudain l'ancien mouvement recommence facilement dans son cerveau : idées, fantaisies, traits d'esprit, tout abonde; le nuage se dissipe, l'horizon s'élargit, et l'opulence infinie des choses lui est de nouveau visible. Mais il faut observer les conditions voulues. Il doit surtout avoir le droit d'être lui-même. Sancho Pança bénissait l'homme qui avait inventé le sommeil. De même, je prise l'heureux arrangement grâce auquel chaque individu est pourvu de quelqu'un qui est heureux de le voir.

Si les hommes valent moins quand ils sont ensemble que quand ils sont seuls, d'un autre côté, ils s'élargissent à certains égards. Ils s'enflamment mutuellement; tel est le pouvoir de la suggestion, que chaque récit vivant en provoque d'autres, et parfois un fait qui dormait depuis longtemps dans les replis de la mémoire entend l'appel, est le bienvenu à la lumière, et se trouve être de haute valeur. Tout métaphysicien doit avoir observé non seulement qu'aucune pensée n'est isolée, mais que les pensées vont en général par paires, quoique les pensées connexes ne soient d'abord apparues à son esprit qu'à de longs intervalles. Les choses vont par deux; un fait matériel n'a que la moitié de sa valeur tant qu'un autre fait d'ordre moral, qui en est la contrepartie, n'est pas énoncé. Alors, ils se confirment et s'embellissent mutuellement ; une histoire est le pendant d'une autre. Et là est peut-être la raison pour laquelle quand un gentleman a dit une bonne chose, il la répète immédiatement.

Rien ne coûte si peu que les bienfaits de la conversation, mais rien n'est plus rare. C'est merveille de voir comme on est dérouté et désappointé. Il y a beaucoup d'intelligence, de curiosité, de lecture ; mais une conversation sérieuse, heureuse, évitant les personnalités, traitant des résultats, est chose rare : je ne rencontre pas souvent un homme cultivé et réfléchi qui ne me dise, comme si c'était là une malchance personnelle, qu'il n'a point de compagnon.

Supposez un tel individu allant explorer différents milieux à la recherche de ce compagnon judicieux et sympathique — il pourra s'enquérir de tous côtés. La conversation dans le monde est à un niveau si bas, qu'elle exclut le savant, le saint et le poète. Au milieu de toute la gaîté railleuse, le sentiment ne peut se profaner et s'aventurer au dehors. La réponse du vieil Isocrate vient si souvent à l'esprit : « Les choses qui seraient maintenant à propos, je ne puis les dire ; et quant aux choses que je puis dire, ce n'est pas le moment ! » De plus, qui peut résister au charme du talent ? L'amant des lettres aime aussi la puissance. Au milieu des hommes d'esprit et de savoir, il n'a pu refuser son hommage à l'entrain, à la force de la mémoire, à la chance, à l'éclat, au succès ; il y a là de tels triomphes de parole, de tels exploits de société ! Quelles forces nouvelles, quelles mines de richesse ! Mais quand il arrive chez lui, ses beaux sequins ne sont que feuilles mortes. Il découvre ou que le fait

qu'ils ont ainsi embelli n'avait aucune valeur, ou
qu'il savait déjà tout ce qu'ils lui ont dit, et plus
encore. Il ne voit pas qu'on l'ait muni d'une idée ou
d'un principe, d'un fait résistant, d'une impulsion
qui s'impose : l'éblouissement a été grand, mais le
profit, médiocre. Il utilise les occasions, il recherche
la compagnie de ceux qui ont un talent sociable.
Mais dès qu'ils se rencontrent, ils commencent à
coup sûr à être autres qu'ils n'étaient ; sous l'empire
de certain préjugé d'après lequel il faut de l'entrain,
de l'animation, ils se font des niches, dansent des
gigues, se précipitent l'un sur l'autre, font des
calembours, essaient nombre de tours fantastiques
— et ils tuent immédiatement la conversation. Je
connais bien la simplicité rustique du timide solitaire. Sans doute, il n'a pas assez d'indulgence pour
les hommes de constitution et d'habitudes plus
actives. Mais ce n'est que sur le terrain naturel que
la conversation peut être riche. Elle ne doit pas commencer dans le vacarme et la violence. Qu'elle ne
perde pas pied, qu'elle reste en contact avec la pile
galvanique. Les hommes ne doivent pas s'éloigner
de leur centre.

Il est des gens qui n'aiment causer que là où ils
sont maîtres. Ils aiment s'adresser aux écolières ou
aux jeunes garçons, aller dans les boutiques où les
badauds prêtent volontiers l'oreille à n'importe qui.
En ces conditions, ils donnent des informations, et se
plaisent à des traits d'esprit et à un bavardage que
les flâneurs admirent ; et ces discoureurs se sentent
pleins d'entrain et à l'aise, car ils peuvent s'en aller
sans cérémonie, quand il leur plaît. Ils vont rarement
à leurs égaux ; et quand ils le font, ils semblent y

aller simplement pour leur agrément, apportant trop de hâte à présenter et communiquer leurs fantaisies ou découvertes nouvelles; ils écoutent mal, ou n'écoutent point l'idée ou le commentaire dont les gens s'efforcent de les payer de retour; aussitôt leur discours achevé, ils préfèrent prendre leur chapeau. Il est aussi des gladiateurs, pour qui la conversation est toujours une lutte; peu leur importe d'être de tel ou tel côté : ils combattent pour la victoire; il y a aussi les esprits emportés, les égoïstes, les monotones, les stériles, et les impraticables.

Il ne vous sert de rien de rencontrer un individu de même valeur que vous ou supérieur, si sa nature ne s'adapte pas à la vôtre, s'il n'est pas fait pour vous. Ceux qui souffrent le plus, sont souvent ceux qui ont le plus à dire — êtres de sensibilité délicate qui restent muets dans une réunion mêlée. Si les personnes capables n'ont pas d'indulgence pour eux, elles les paralysent. Un de ces faquins pleins d'eux-mêmes, qui n'apprécient la nature qu'autant qu'elle les sustente et les exhibe, est un fléau comme les tapageurs. Il faut qu'il y ait grande puissance de réception aussi bien que de don. Après ces perturbateurs, combien l'esprit gai et rayonnant de — je n'ai pas besoin de citer un nom, car en chaque milieu il a son représentant — paraît délicieux ! Un bon naturel est plus fort que les tomahawks. Sa conversation est tout images : il peut reproduire tout ce qu'il a vu; il raconte les meilleures histoires de l'endroit, et est d'un tempérament si aimable qu'il dispose irrésistiblement tous les autres à la bonne humeur et à la causerie. Diderot disait que l'abbé Galiani : « Pour les jours de pluie c'était un trésor; et si de telles choses se fabriquaient par les ébénistes, tout le monde voudrait en avoir à la campagne. »

Il est une leçon que nous apprenons de bonne heure — à savoir, qu'en dépit des différences apparentes, les hommes sont tous faits sur le même modèle. Nous le prenons volontiers pour accordé quand il s'agit de nos compagnons, et si nous découvrons que nous les devançons, que leurs montres sont en retard sur les nôtres, ce nous est un désappointement et une irritation. En réalité, le seul péché qu'on ne se pardonne jamais l'un à l'autre, c'est la différence des opinions. Nous savons d'avance que cet homme là-bas doit penser comme nous. N'a-t-il pas deux mains, deux pieds, des cheveux et des ongles? Ne peut-il manger, saigner, rire, pleurer? Si son opinion diffère de la mienne, c'est affectation pure. Cette conclusion est à la fois celle de la logique de la persécution et celle de l'amour. Et le fondement de notre indignation, c'est la conviction que son dissentiment procède d'une sorte d'opiniâtreté qu'il s'impose à lui-même. Il arrête le cours de son idée, comme la vache de méchante humeur retient son lait. Oui, et nous le regardons dans les yeux, et voyons qu'il s'en rend compte, et que son regard nous évite.

Mais, pour arriver un peu plus près du but, je dois dire qu'il peut aisément se trouver des obstacles sur la voie du pur élément que nous cherchons; mais quand nous le trouvons, il vaut la peine de le poursuivre car, sans parler de sa puissance réconfortante en tant que remède et tonique, une fois que nous sommes dans la société qui nous convient, des valeurs nouvelles et immenses ne manquent pas d'apparaître.

Tout ce que l'homme peut faire pour l'homme se trouve là. On peut gagner de grands prix à ce jeu. Notre succès dans le monde est en raison des ressources intellectuelles dont nous disposons pour ce genre de compétition. Voici là-bas un homme qui peut répondre aux questions que je ne peux résoudre. En est-il vraiment ainsi ? De là me vient un immense désir de connaître son esprit et ses expériences. De là vient la compétition pour les enjeux les plus chers à l'homme. Qu'est-ce qu'un concours de whist, de dames, de billards, d'échecs, en comparaison d'un concours d'esprit naturel, de savoir, et de ressources ? Si courtoisement que nous le cachions, dans les salons, les cours, les assemblées préparatoires, le Sénat, ou les réunions scientifiques — qui ne sont que les théâtres plus ou moins vastes de cette compétition — c'est le rang social et le pouvoir spirituel que nous comparons.

Celui qui peut expliquer, celui qui peut répondre à une question de manière à ne laisser place à aucune réponse ultérieure, celui-là est l'homme qui vaut le plus. Telle était la signification de l'histoire du Sphinx. Dans l'ancien temps, on s'envoyait des énigmes d'un roi à l'autre, par des ambassadeurs. Les sept Sages, au banquet de Périandre, passent leur temps à y répondre. La vie de Socrate en est la demande et la solution. De même, dans l'hagiographie de toutes les nations, le législateur a toujours été quelque personnage éloquent, que sa sympathie avait mis face à face avec les extrêmes de la société. Jésus, Manou, le premier Bouddhiste, Mahomet, Zerthust, Pythagore, en sont des exemples.

Jésus a passé son existence à discourir avec des

humbles sur la vie et le devoir, à donner de sages réponses, montrant qu'il percevait les choses sous un angle plus large, et réduisant du moins au silence ceux qui n'étaient pas assez généreux pour accepter sa pensée. Luther passa sa vie de la même manière ; et ce ne sont pas ses ouvrages théologiques — ses *Commentaires sur l'Épître aux Galates*, et le reste — qu'on lit encore, mais ses *Propos de Table*. Le Dr Johnson n'était pas un homme profond — il avait toutes les limites de la pensée anglaise, était rempli de la politique anglaise, de l'Église d'Angleterre, de la philosophie d'Oxford ; cependant ayant le cœur large, un esprit naturel, un bon sens qui s'élançait impatiemment par-dessus ses bornes ordinaires, sa conversation, telle que la rapporte Boswell, a un charme durable. La conversation est une issue pour le caractère aussi bien que pour la pensée ; et le Dr Johnson ne frappait pas seulement ses interlocuteurs par la justesse de ses remarques, mais quand elles manquaient le but, il les frappait encore parce que c'était *lui* qui les faisait. Sa religion ou superstition manifeste, son désir profond de les voir penser de telle ou telle manière, faisait impression sur eux — tant la profondeur du sentiment, ou une déférence intime pour une idée ou une opinion, sont choses rares parmi les hommes et les femmes d'esprit superficiel qui composent la société ; et, bien qu'ils sachent qu'il y a chez celui qui discourt une certaine mesure d'insuffisance, d'insincérité, de paroles dites pour remporter la victoire, cependant les frivoles sentent l'existence du caractère, un respect habituel pour les principes, respect supérieur à celui que l'on a pour le talent ou le savoir.

Un des meilleurs témoignages au sujet du grand Maître allemand qui s'éleva au-dessus de tous ses contemporains dans les trente premières années du XIXᵉ siècle, est sa conversation telle que la rapporte Eckermann; et les *Propos de Table* de Coleridge sont un des meilleurs monuments de son génie.

Dans les Légendes scandinaves, lorsque les dieux du Valhalla rencontrent les Jotuns, ils conversent à une condition périlleuse : celui qui ne pourra répondre à la question de l'autre donnera sa propre vie en gage. Odin arrive au seuil du Jotun Waftrhudnir, sous un déguisement, s'appelant lui-même Gangrader; on l'introduit dans la grand'salle et on lui dit qu'il ne pourra sortir à moins de répondre à chaque question que Waftrhudnir posera. Waftrhudnir lui demande le nom du dieu du soleil, et du dieu qui apporte la nuit; quelle rivière sépare les demeures des fils des géants et les fils des dieux; quelles plaines s'étendent entre les dieux et Surtur, leur adversaire, etc., toutes questions auxquelles Odin déguisé répond d'une manière satisfaisante. Ensuite vient son tour d'interroger, et pendant un moment le Jotun lui fait de bonnes réponses. A la fin, il pose une question à laquelle lui seul pouvait répondre : « Qu'est-ce qu'Odin a murmuré à l'oreille de son fils Balder, quant Balder est monté sur le bûcher funéraire? » Le géant surpris réplique : « Aucun des dieux ne sait ce que dans les temps anciens TU as dit à l'oreille de ton fils : la mort sur les lèvres, j'ai prononcé les mots du destin de la génération d'Æsir : j'ai lutté avec Odin avec des paroles sages. Tu dois toujours être le plus sage. »

C'est encore ainsi que l'on connaît les géants et les

dieux, et ils jouent encore le même jeu dans tout le million de demeures du ciel et de la terre, à toutes les tables, dans tous les Clubs, les *tête-à-tête* [1] — les avocats au Tribunal, les sénateurs au Capitole, les docteurs dans l'Académie, les gens d'esprit à l'hôtel. Celui qui a le plus de valeur, c'est celui qui donne une réponse après laquelle il n'y a plus rien à dire. *Omnis definitio periculosa est*, et l'esprit a seul le secret. La même chose se produisit quand Leibnitz vint faire visite à Newton, quand Schiller vint à Gœthe, quand la France, dans la personne de Mme de Staël, visita Gœthe et Schiller, quand Hegel fut l'hôte de Victor Cousin à Paris, quand Linné fut l'hôte de Jussieu. Il y a bien des années, un chimiste américain présenta en Angleterre une lettre d'introduction au Dr Dalton de Manchester, l'auteur de la théorie des proportions atomiques, et fut assez froidement reçu par le Docteur dans le Laboratoire où il était occupé. Le Dr Dalton griffonna seulement un morceau de papier et le poussa vers son hôte : « Connaissait-il cela? » Le visiteur griffonna sur un autre papier une formule exposant certains résultats qu'il avait obtenus par l'acide sulfurique, et le passa à travers la table : « Connaissait-il cela? » L'attention du chimiste anglais fut aussitôt captivée, et ils firent rapidement connaissance. Répondre à une question de manière à ne pas admettre de réplique, atteindre chaque fois le but — c'est là la pierre de touche de l'homme. Hyde, comte de Rochester, disait au garde des sceaux, Lord Guilford; « Ne croyez-vous pas qu'en un mois, je pourrai comprendre n'importe

---

1. En français, dans le texte.

quelle affaire en Angleterre ? » — « Oui, Monseigneur », répliqua l'autre, « mais je crois qu'en deux mois, vous comprendriez mieux. » Quand Edouard Ier prétendit que les Écossais le reconnussent seigneur souverain (en 1292), les nobles d'Écosse lui répondirent : « Tant que le trône est vacant, on ne peut faire aucune réponse. » Lorsque Henri III (en 1217) se plaignit de la contrainte que lui faisait subir son peuple, lui demandant la confirmation et l'exécution de la Charte, on lui répondit : « Si nous l'admettions, les guerres civiles ne se termineraient que par l'extirpation d'une des parties contestantes. »

Que pouvez-vous faire avec un de ces êtres aux réponses tranchantes? Que pouvez-vous faire avec un homme éloquent? On ne peut imaginer aucune règle de discussion, aucun mépris de cour, aucune exclusion, aucune loi qui bâillonne, que sa première syllabe n'écarte, ne dépasse, ou n'annule. Il se peut que vous interceptiez la lumière, mais pouvez-vous intercepter la gravitation? Vous pouvez condamner son livre, mais pouvez-vous lutter contre sa pensée? Elle est toujours trop rapide pour vous, elle vous devance, et éclate victorieuse sur quelque autre point. Pouvez-vous arrêter la marche du bon sens? Que pouvez-vous faire avec Beaumarchais, qui convertit en un ardent avocat le censeur que le Tribunal avait désigné pour étouffer sa pièce? Le Tribunal nomme un autre censeur, qui cette fois l'écrasera. Beaumarchais lui persuade de la défendre. Le Tribunal désigne successivement trois enquêteurs plus sévères ; Beaumarchais les convertit tous en défenseurs de la pièce qui amènera la Révolution. Qui peut fermer la bouche à Luther, à Newton, à Franklin, à Mirabeau, à Talleyrand?

Ces maîtres peuvent défendre leur propre situation, et n'ont pas besoin qu'on les patronne. Toutes les variétés de dons — science, religion, politique, littérature, art, sagesse, guerre, ou amour — trouvent leur issue et leur expression dans la conversation. La conversation, ce sont les Jeux olympiques où tous les talents supérieurs vont s'affirmer et se manifester — et, naturellement aussi, les inspirations des hommes puissants, des hommes appartenant à la vie publique. Mais ce que nous envisageons en ce moment, ce n'est pas cette classe d'hommes que l'éclat de leurs talents mène presque inévitablement aux tourbillons de l'ambition, transforme en chanceliers et en chefs de conseil et d'action, et à la fin en fatalistes. Ceux que nous envisageons, ce sont ceux qui s'intéressent aux idées, aux leurs et à celles des autres, qui se plaisent à les comparer, qui pensent que la plus grande marque de considération qu'ils puissent donner à un homme, c'est de le traiter comme une intelligence, de lui exposer les grands et heureux secrets dont ils ne se sont peut-être jamais ouverts à leurs compagnons de chaque jour, de partager avec lui le domaine de la liberté et la simplicité du vrai.

Mais une excellente conversation est chose rare. La société semble s'être entendue pour traiter les fictions comme des réalités, et les réalités comme des fictions; et le simple amant de la vérité, surtout s'il se tient en des régions très hautes — s'il est, par exemple, un chercheur religieux ou intellectuel — se sent étranger et lointain.

Il est possible qu'une conversation excellente ait

lieu entre deux personnes qui ne peuvent parler que l'une à l'autre. Montesquieu lui-même avouait que s'il s'apercevait dans la conversation qu'une troisième personne l'écoutait, il lui semblait à partir de ce moment que toute la question disparaissait de son esprit. J'ai connu des gens d'une capacité rare dont la société pesait lourdement à des hommes bienveillants et sociables, possédant assez bien l'art de faire sortir les autres de leurs habitudes réservées — des gens qui, de plus, étaient un fardeau pour les intellectuels qui auraient dû les connaître. Et n'arrive-t-il jamais que nous-mêmes, peut-être, vivions avec des personnes trop supérieures pour que nous les voyions — comme il y a des notes musicales trop hautes pour le degré de perception de beaucoup d'oreilles? Il est des hommes qui ne sont grands que pour deux ou trois compagnons qui ont plus d'opportunités ou s'adaptent mieux à leur esprit.

C'est pour répondre à ce besoin que chez tous les peuples civilisés, on a fait des tentatives pour organiser la conversation en réunissant des gens cultivés dans les conditions les plus favorables. Il est certain que les Grecs, les Romains, les gens du Moyen âge, ont connu la conversation libérale et élégante. Un temps est venu, en France, où une révolution s'est produite dans l'architecture domestique, où les maisons des nobles, que d'après les nécessités féodales on avait construites jusqu'alors en un carré vide — le rez-de-chaussée réservé aux offices et aux écuries, et les étages supérieurs aux pièces de réception et aux appartements — ont été reconstruites d'après des vues nouvelles. Ce fut la marquise de Rambouillet qui fit sortir d'abord les chevaux des palais et y introduisit les gens de lettres, ayant construit son *hôtel*[1] en vue des réceptions, avec une suite superbe de salons au même étage, qui rompit la *morgue*[1] de l'étiquette en invitant chez elle des hommes d'esprit et de savoir aussi bien que des hommes haut placés, et provoqua l'émulation du cardinal de Richelieu à créer une Société rivale, et à fonder ainsi l'Académie française. L'histoire de l'Hôtel de Rambouillet et de sa société brillante marque une date importante dans la Civilisation française. Et une étude sur les Clubs, depuis l'antiquité la plus lointaine, étude où l'on retracerait les efforts qui ont été faits pour assurer la conversation libérale et cultivée depuis le temps des Grecs et des Romains jusqu'au Moyen âge, et où, descendant ensuite aux Mémoires français, anglais, et allemands, on peindrait les Clubs et les réunions de chaque peuple — une telle étude formerait un chapitre important de l'histoire. Nous connaissons bien, à Londres, le Mermaid Club de Shakespeare, Ben Jonson, Chapman, Herrick, Selden, Beaumont et Flechter ; ses « Statuts » ont été conservés, et dans Jonson, Herrick, et Aubrey, on trouve maintes allusions à leurs soupers. Le Club du Dr Bentley avait Newton, Wren, Evelyn, et Locke ; et nous devons à Boswell de connaître le Club où fréquentaient le Dr Johnson, Goldsmith, Burke, Gibbon, Reynolds, Garrick, Beauclerk, et Percy. Et nous avons des témoignages de la société brillante dont Edimbourg se glorifiait dans la première décade de ce siècle. De telles sociétés ne sont possibles que dans les grandes villes, et constituent

1. En français, dans le texte.

la compensation qu'elles peuvent offrir à leurs habitants pour les dédommager de la privation d'une libre communion avec la Nature. Tout scholar est entouré d'hommes plus sages que lui — s'ils ne peuvent écrire aussi bien. Ne peuvent-ils se rencontrer et échanger leurs découvertes pour leur plaisir et leur profit mutuels ? J'ai fait une expérience pathétique le jour où un homme aimable et accompli m'a dit en regardant de sa campagne la capitale de la Nouvelle-Angleterre : « Voilà une ville de deux cent mille habitants, et il ne s'y trouve pas une chaise pour moi. » Si au numéro 2 000 de Tremont Street il avait été sûr d'apprendre quels scholars on peut voir quand leurs études de la matinée sont finies, Boston aurait brillé à ses yeux comme la Nouvelle-Jérusalem.

Ce besoin de compagnons bien adaptés est réciproque. Le penseur, l'homme de lettres, l'homme de science, l'administrateur expérimenté en affaires, l'homme cultivé et de bonnes manières que vous désirez tellement découvrir — chacun de ceux-ci désire qu'on le découvre. Chacun désire mettre sa pensée, ses connaissances, son talent social au grand jour dans votre compagnie et votre affection, échanger ses dons avec les vôtres ; et le premier signe de la possibilité d'une société choisie et intelligente est le bienvenu.

Mais un Club doit se protéger lui-même, et des obstacles s'élèvent dès le principe. Il est des gens qu'on ne peut cultiver, qu'il faut contenir et faire taire si on le peut. Il en est qui ont un instinct de chauve-souris pour voler contre tout flambeau allumé et l'éteindre — gens importuns et contredisants. Il en est qui ne viennent que pour parler, et d'autres que pour écouter : les deux espèces ne valent rien. Une règle excellente pour un club serait la suivante : N'admettre aucun individu dont la présence exclut un sujet quelconque. Il faut des gens qui ne s'étonnent ni ne se choquent à tout propos, qui agissent, laissent agir, et laissent être, laissent tomber les vétilles, savent ce qui a une réelle valeur, et prennent beaucoup de choses pour accordées.

Pour les Clubs, c'est toujours en pratique une question difficile que de régler les statuts de l'élection de manière à exclure péremptoirement toutes les variétés de fâcheux. Personne ne désire les gens de mauvaises manières. Il nous faut le caractère et la loyauté. Le poète Marvell avait coutume de dire qu'il ne voudrait pas boire son vin avec un être à qui il ne pourrait confier sa vie. Mais nous ne pouvons non plus nous permettre trop de raffinement. Un homme d'une tenue irréprochable et de parfait bon sens préférait dans ses voyages se fier pour les rapports sociaux au hasard des hôtels, plutôt que de se charger de trop de lettres choisies d'introduction. Il avouait aimer une compagnie humble. C'est, disait-il, un fait incontestable que la société des bohémiens est plus intéressante que celle des évêques. La petite fille déserte le salon pour la cuisine; le jeune garçon, pour les quais. Parents et précepteurs ne peuvent l'intéresser autant que la conversation bruyante qu'il trouve au marché ou aux docks. J'ai connu un scholar, ayant quelque expérience de la vie des camps, qui disait aimer raconter dans un café quelques histoires tragiques, et se mettre en bons termes avec le milieu; alors, il pouvait rester aussi silencieux qu'il lui plaisait. Un scholar ne désire pas toujours s'épuiser l'esprit : il a besoin de bavardage. L'habit noir n'est une société agréable que pour l'habit noir ; mais quand les manufacturiers, les marchands, les capitaines de navire se rencontrent, voyez combien de choses ils ont à se dire, et comme la conversation dure longtemps! Ils sont venus de maintes régions, ils ont traversé d'immenses pays; chacun connaît son métier et les habiles artisans de sa profession; ils ont vu les meilleurs hommes et les pires. Leur savoir contredit sur bien des points l'opinion populaire et la vôtre. Il est des choses que vous imaginez mauvaises, qu'ils savent bonnes et utiles; des choses que vous mettez au nombre des superstitions, qu'ils savent vraies. Ils ont trouvé de la vertu dans les demeures les plus étranges; et dans leur riche fonds d'aventures, il est des cas et des exemples que vous avez cherchés en vain pendant des années, et qu'ils vous offrent soudainement, à leur insu.

Je me souviens à cet égard d'une expérience sociale où il se trouva que chacun des membres pensait avoir besoin de société, mais n'être pas lui-même présentable. A l'épreuve, ils découvrirent tous que chacun pouvait tolérer les autres, et en être toléré. Il y a plus : la tendance à l'extrême respect de soi-même qui avait fait hésiter à se réunir était en voie de se tourner rapidement en une vulgaire admiration mutuelle, quand le Club fut dissous par de nouveaux arrangements.

L'utilité des réceptions du Club a à peine besoin d'explication. Les gens se détendent et deviennent sociables à table; je me souviens que, dans une ville du Sud, on m'a expliqué qu'il était impossible de mettre sur pied n'importe quelle œuvre de charité publique, à moins d'un dîner à la taverne. Je ne crois pas que nos charités ecclésiastiques allégueraient la même nécessité ; mais dans un club où l'on se réunit pour causer, un dîner est un bon début, car il désarme tous les adversaires, et met le pédantisme et les affaires à la porte. Tous sont de bonne humeur et ont des loisirs, conditions premières pour pouvoir causer ; on rejette la réserve ordinaire, des hommes d'expérience se rencontrent avec une liberté d'enfants et, tôt ou tard, se communiquent tout ce qu'il y a de curieux dans leur expérience.

On exagère facilement les réceptions des Clubs. Sans doute, les soupers de gens d'esprit et de philosophes acquièrent avec le temps beaucoup de renom et d'éclat. Plutarque, Xénophon, et Platon, qui ont célébré chacun un des Banquets de leur cercle, ne nous ont presque pas donné de détails sur le menu ; et l'on peut croire qu'un dîner de taverne quelconque en une telle compagnie était plus apprécié des *convives*[1] qu'un repas bien meilleur en une société moindre. Les vers d'Herrick à Ben Jonson peignent certainement la chose :

> Quand nous avions de ces boissons
> Qui nous excitaient sans folie,
> Chaque vers qui venait de toi
> Surpassait les mets et les vins.

De tels amis rendent le festin agréable ; et je remarque que ce fut lorsque les choses se passèrent heureusement, et que la société se sentit traitée avec hon-

---

[1]. En français, dans le texte.

neur, au Banquet du *Cid*, que « les convives furent tous joyeux, et d'accord sur un fait — à savoir qu'ils n'avaient pas aussi bien mangé depuis trois ans ».

Je n'ai besoin que de rappeler les services que rendent les Clubs en amenant les maîtres à comparer et élargir l'idée qu'ils se font de leurs arts respectifs, à s'entendre sur ces points, de sorte que leur opinion exerce une juste influence sur les questions d'intérêt général, d'éducation et de politique. C'est un fait reconnu que dans les comités de l'Association Britannique on se communique, en peu d'heures, des renseignements plus nombreux et plus efficaces qu'on ne le ferait par des mois de correspondance ordinaire, l'impression et l'envoi de rapports volumineux. Nous savons que *l'homme de lettres*[1] est un peu circonspect et ne donne pas volontiers ses graines ; mais il est un moyen infaillible de l'attirer, c'est d'en avoir d'aussi bonnes que lui. Si vous avez Tuscaroora et lui le Canada, il peut échanger graine pour graine. Si sa réserve est incurable, et s'il n'ose parler de trésors féeriques, il vous dira quels nouveaux livres il a découverts, quels livres anciens il a retrouvés, ce qui s'écrit et se lit à l'étranger. Une des fins principales du Club, ce sont aussi ses réceptions, qui sont le moyen d'inviter un étranger de valeur avec un profit mutuel.

Tout homme apporte en société des idées partiales et une culture de clocher. Nous avons besoin de sujets étendus et qui alternent, besoin d'esprits variés. On aime dans un compagnon un flegme qu'on triomphe de troubler, et l'on n'aime pas moins faire

---

1. En français, dans le texte.

chez une ancienne connaissance des découvertes inattendues en matière de largeur et de force, sous l'heureuse influence d'un sujet inspirant. La sagesse est comme l'électricité. Il n'y a point d'homme sage d'une façon permanente, mais des hommes capables de sagesse qui, placés en une certaine société, ou en d'autres conditions favorables, deviennent sages un moment, comme les verres frottés acquièrent pour un certain temps des propriétés électriques. Mais tandis que nous envisageons avec complaisance les plaisirs et l'importance manifestes d'une compagnie agréable, je n'oublie pas que la Nature est toujours extrêmement sérieuse, et que ses grands bienfaits ont quelque chose de grave et d'austère. Lorsque nous cherchons les plus hauts avantages de la conversation, la règle spartiate du tête-à-tête s'impose ordinairement. Quand il prend son essor au plus haut et plonge au plus profond, quand il élève à cet état d'esprit d'où surgissent des pensées qui restent comme des étoiles dans le firmament, l'entretien n'a lieu qu'entre deux personnes.

LE COURAGE

LE COURAGE

Je constate qu'il est trois qualités qui attirent visiblement l'admiration et le respect de l'humanité :

I. — Le désintéressement, tel qu'il se manifeste dans l'indifférence à l'endroit des profits et influences qui agissent d'ordinaire sur la conduite — des vues si sincères et si généreuses qu'on ne peut les détourner par des perspectives de richesses ou d'autres avantages personnels. Chez presque tous les hommes, l'amour de soi est tellement prépondérant, qu'ils se montrent incrédules à l'endroit d'un individu qui préfère habituellement le bien général au sien ; mais quand cette préférence leur est prouvée par le sacrifice des aises, de la richesse, du rang et de la vie même, leur admiration ne connaît plus de limites. C'est là ce qui a fait la force des saints de l'Occident et de l'Orient, qui ont dirigé la religion de grands peuples. Le sacrifice de soi-même est le miracle réel d'où sont sortis tous les autres miracles que l'on nous rapporte. C'est ce sacrifice qui a fait la gloire des héros de la Grèce et de Rome — de Socrate, d'Aristide, et de Phocion ; de Quinte-Curce, de Caton, et de Régulus ; de l'hospitalité d'Hatem Tai, de Chatham, à qui sa magnanimité dédaigneuse a valu une popularité immense ; de Washington, donnant ses services à la cause publique, sans salaire ni récompense.

II. — La puissance pratique. Les hommes admirent celui qui peut donner une forme à leurs pensées et à leurs désirs dans la pierre ou le bois, l'acier ou l'airain — celui qui peut construire le bateau, qui a l'impiété d'amener les rivières à prendre le cours qui lui convient, qui peut faire aller des fils télégraphiques à travers l'Océan, de rivage en rivage; qui, assis dans son cabinet de travail, peut tracer des plans de campagne — de guerre sur mer et sur terre — de telle sorte que quand tout est fini, les meilleurs généraux et amiraux doivent le remercier du succès; ils admirent le talent de mieux combiner et prévoir, de quelque manière qu'il se manifeste, qu'il s'agisse seulement de jouer aux échecs ou que, dans un domaine plus élevé, un mathématicien pénétrant calcule le poids cubique des étoiles, annonce l'existence d'une planète que les yeux n'ont jamais vue ; ou que, étudiant les éléments chimiques dont le monde et nous-mêmes sommes constitués, et percevant leur secret, Franklin amène l'éclair dans sa main, suggérant qu'un jour une science géologique plus experte rendra les tremblements de terre inoffensifs et tournera les volcans en ressources agricoles. Ou bien, voici un être qui, voyant les désirs des hommes, sait comment y répondre, murmure quelque chose à cet ami-ci, réduit au silence cet adversaire-là, façonne la société selon ses vues, regarde tous les hommes comme de la cire entre ses mains — les dirige comme le vent dirige les nuages, comme la mère dirige l'enfant, ou comme celui qui sait plus dirige celui qui sait moins, et les conduit, heureusement surpris, au point précis qu'ils voulaient atteindre : un tel homme est suivi avec acclamations.

III. — La troisième chose excellente est le courage, le vouloir parfait que nulle terreur ne peut ébranler, que le dédain, les menaces, ou les armées hostiles attirent — que dis-je, qui en a besoin pour éveiller ses énergies en réserve, les amener à la pure flamme, et n'est jamais tout à fait lui-même que dans l'extrémité du danger; alors, il est calme, inventif, et toutes ses facultés se déploient. Dans la mythologie de tous les peuples, il y a un Hercule, un Achille, un Rustem, un Arthur, ou un Cid; et dans l'histoire authentique, un Léonidas, un Scipion, un César, un Richard Cœur-de-Lion, un Cromwell, un Nelson, un grand Condé, un Bertrand Duguesclin, un Doge Dandolo, un Napoléon, un Masséna, et un Ney. On dit que le courage est ordinaire; mais l'estime immense en laquelle on le tient, prouve que c'est chose rare. La résistance animale, le mâle instinct de défense de la bête quand elle est acculée, est sans doute chose commune; mais le courage pur, le courage qui sait voir, le courage qui sait se conduire, la possession de soi-même à la bouche du canon, l'entrain alors que l'on est seul à s'attacher au juste, est le partage des caractères supérieurs. Je n'ai pas besoin de montrer combien on l'apprécie, car on lui donne le premier rang. On lui pardonne tout. Que de bruit nous faisons depuis deux mille ans autour des Thermopyles et de la bataille de Salamine! Quel souvenir nous gardons des batailles de Poitiers, de Crécy, de Bunker Hill, et de la force d'âme de Washington ! Et quiconque met sa vie en péril pour une cause que l'on respecte devient le favori de tous. Les livres pour enfants, les ballades qui ravissent les jeunes garçons, les romans qui ravissent les hommes, les sujets favoris de l'éloquence, les accents retentissants avec lesquels les orateurs parlent de toute résistance et de toute passe d'armes martiales, et que les gens applaudissent, en sont un témoignage. Qu'il s'est écoulé peu de temps depuis que ce pays se levait le matin pour lire ou écouter le récit des traits de courage de ses fils et de ses frères sur les champs de bataille, et comme on ne se fatiguait jamais de la question ! Nous avons des exemples d'hommes qui, pour avoir montré du courage en une seule circonstance, sont devenus pour les peuples un spectacle favori, et qu'il faut les amener en triomphe à toutes les réunions populaires.

Les hommes sont si épris du courage qu'ils se plaisent à se faire appeler lions, léopards, aigles, et dragons, d'après les animaux qui sont nos contemporains dans les âges géologiques. Mais en matière de précocité, les animaux ont un grand avantage sur nous. Que l'on touche à la « snapping-turtle[1] » avec un bâton, et elle le saisira avec ses dents. Coupez la tête, et les dents ne lâcheront pas le bâton. Brisez l'œuf du petit, et avant que ses yeux soient ouverts, l'embryon mordra furieusement, ces créatures tenaces trouvant moyen, si j'ose parler ainsi, non seulement de mordre après être mortes, mais encore avant d'être nées.

Mais l'homme débute dans la vie impuissant. Le

---

1. Grande tortue d'eau, des États-Unis (T.).

bébé est au paroxysme de la frayeur dès que sa nourrice le laisse seul, et la faculté de se défendre quelque peu soi-même s'acquiert si lentement, que les mères disent que la conservation de la vie et de la santé d'un jeune enfant est un miracle perpétuel. Les terreurs de l'enfant sont tout à fait légitimes, et ajoutent à son attrait ; car son ignorance, sa faiblesse absolues, et ses indignations charmantes avec un fonds de ressources si petit, forcent tous les spectateurs à se mettre de son côté. A tout moment, dès qu'il est éveillé, il s'exerce à se servir de ses yeux, de ses oreilles, de ses mains et de ses pieds, apprenant à affronter, à éviter le danger, et perd ainsi à chaque heure un de ses effrois. Mais cette éducation s'arrête trop tôt. Élevés dans la famille, et commençant de bonne heure à s'engager jour après jour dans la monotonie d'un travail tranquille, la grande majorité des hommes n'arrivent jamais aux rudes expériences qui font l'Indien, le soldat, ou l'homme qui vit à la limite du désert, se soutenant lui-même et ignorant la peur. La haute estime où l'on tient le courage est une preuve de la timidité générale. « Quand l'humanité rencontre de l'opposition », disait Franklin, « elle se montre lâche. » Même dans la guerre, on trouve rarement des généraux empressés à livrer bataille. Lord Wellington disait : « Les uniformes sont souvent des masques ; quand mon Journal sera publié, bien des statues tomberont. » Les Sagas scandinaves racontent que quand l'évêque Magnus reprocha au roi Sigurd son divorce coupable, le prêtre qui accompagnait l'évêque, s'attendant à tout moment à voir le roi barbare éclater de rage et tuer son supérieur, disait « qu'il ne voyait pas le ciel plus grand qu'une peau de veau ». Et je me souviens de deux jeunes filles irlandaises qui, après avoir été emportées dans une voiture par un cheval ombrageux, disaient que quand le cheval avait commencé à se cabrer, elles avaient été si effrayées qu'elles n'avaient pu voir l'animal.

La poltronnerie fait fermer les yeux au point que le ciel ne paraît pas plus grand qu'une peau de veau, fait fermer les yeux au point que nous ne voyons plus le cheval qui nous emporte et, ce qui est pire, elle ferme les yeux de l'esprit et glace le cœur. La peur est cruelle et vile. Les règnes de terreur politiques ont été des règnes de folie et de méchanceté, une perversion totale de l'opinion; la société est sens dessus dessous, et on estime que les meilleurs hommes sont trop mauvais pour vivre. Aussi la sécurité que donne une maison, une famille, le voisinage, la propriété, et même la première accumulation d'épargnes, contribue à toutes les époques à produire cette dégénérescence des classes respectables. Voltaire disait : « Un des plus grands malheurs des honnêtes gens, c'est qu'ils sont des lâches. » Que les partis politiques qui réunissent les éléments bien disposés de la société sont impuissants et vulgaires! Comme leurs lèvres sont pâles! Ils sont toujours sur la défensive, comme si la direction était confiée aux journaux, souvent écrits en grande partie par des femmes et de jeunes garçons qui, étant sans force, désirent maintenir les apparences de la force. Ils peuvent faire les hurras, placarder des affiches, arborer des drapeaux — et voter, si la journée est belle; mais l'attitude combative des hommes qui veulent que le bien soit, ne saurait être plus longtemps contrariée par les cambrioleurs et brigands de la rue, les imposteurs dans les charges publiques, et les voleurs siégeant au Tribunal; ce rôle, le rôle du chef et de l'âme du comité de vigilance, doit être assumé par des hommes fermes et sincères qui sont réellement courroucés et résolus. D'ordinaire, nous avons une critique aigre qui observe et contredit le parti opposé. Nous avons besoin du vouloir qui va de l'avant et qui commande. Quand nous obtenons un avantage, comme l'autre jour au Congrès, c'est parce que notre adversaire a commis une faute, non parce que nous avons pris l'initiative et fait la loi. La Nature a décidé que ce qui ne peut se défendre soi-même ne sera pas défendu. Se lamenter plus hautement, et avec plus de raison que jamais, ne sert de rien. Dans le Kansas et ailleurs, on a entendu il y a longtemps beaucoup de verbiage de la part des partis de la paix; on a entendu affirmer que leur force gisait dans la grandeur des injustices qui leur étaient faites, et déconseiller toute résistance, comme pour rendre cette force plus grande. Mais les injustices qu'ils subissaient étaient-elles plus grandes que celles du nègre? et quelle sorte de force lui ont-elles jamais donnée? Cette attitude a toujours invité la tyrannie, et engendré le dégoût chez ceux qui voudraient protéger la victime. Ce qui ne peut se tenir debout doit tomber, et la mesure de notre sincérité, et par conséquent du respect des hommes, c'est la somme d'énergie physique et de biens que nous hasardons pour la défense de notre droit. Quand je lui demande s'il ne va pas à la réunion municipale, un vieux fermier, mon voisin par delà la palissade, me répond : « Non; il n'est pas utile de voter, car cela ne reste point ; mais ce que vous faites avec votre fusil reste. » La Nature a donné à chacun la charge de se défendre soi-même, comme de subvenir à ses besoins, et je ne puis avoir droit à l'aide que quand j'ai virilement déployé pour me soutenir toutes les ressources dont je dispose et que, me sentant accablé par des forces inégales, les spectateurs éprouvent naturellement le désir d'intervenir et de voir franc jeu.

Mais avec cette éducation pacifique, nous ne sommes pas prêts pour les temps difficiles. Ou je me trompe fort, ou chacun de ceux qui se sont enrégimentés dans la dernière guerre avait une vive curiosité de savoir comment il se comporterait dans l'action. De jeunes garçons aimables et délicats, qui ne s'étaient jamais engagés en des jeux plus rudes qu'un concours de balle ou une excursion de pêche, se sont trouvés amenés à affronter une charge à la baïonnette ou à s'emparer d'une batterie. Naturellement, chacun a dû aller à l'action avec un certain désespoir. Chacun s'est murmuré à lui-même : « Mes efforts seront de peu de poids dans le résultat ; que le Ciel bienveillant me préserve de me déshonorer moi-même, et mes amis, et mon pays. Mourir ! ah certainement je puis mourir ; mais je ne peux me permettre de me comporter mal, et je ne sais ce que j'éprouverai. » Un soldat aussi grand que le vieux maréchal français Montluc reconnaît qu'il tremblait souvent de frayeur, et reprenait courage quand il avait récité une prière pour la circonstance. J'ai connu un jeune soldat, mort au début de la campagne, qui avait confié à sa sœur qu'il était décidé à s'engager pour la guerre : « Je n'ai nullement le courage voulu », avait-il dit, « mais je ne laisserai personne s'en apercevoir. » Et il s'était accoutumé à aller toujours en n'importe quel endroit dangereux, et à faire ce dont il avait peur, mettant une fermeté obstinée à lutter contre cette infirmité naturelle. Coleridge a conservé l'histoire d'un officier de la marine anglaise qui, parlant de sa première expédition, alors qu'il était un enseigne de quatorze ans et accompagnait Sir Alexander Ball, lui dit : « Comme nous ramions vers le vaisseau que nous devions attaquer, au milieu d'une décharge de mousqueterie, je fus vaincu par la peur, mes genoux tremblèrent, et je fus sur le point de m'évanouir. Le lieutenant Ball, me voyant, vint se placer tout près de moi, me prit la main et murmura : « Courage, mon cher enfant ! Vous « allez vous remettre en une minute ou deux; j'ai « éprouvé juste la même chose quand j'ai fait ainsi ma « première sortie. » Ce fut comme si un ange me parlait. A partir de ce moment, je fus aussi intrépide et allai autant de l'avant que le plus âgé de l'équipage. Mais je n'ose penser à ce qui serait advenu si, à ce moment-là, il m'avait raillé et avait attiré l'attention sur moi. »

Le savoir est l'antidote de la peur — le Savoir, l'Habitude, et la Raison, avec ses auxiliaires supérieurs. L'escalier, le poêle, le tub, ou le chat, font courir autant de dangers à l'enfant qu'un canon ou une embuscade en font courir au soldat. Chacun surmonte la peur aussitôt qu'il comprend exactement le péril, et apprend les moyens d'y résister. Chacun est sujet à la panique, laquelle est faite, précisément, des terreurs de l'ignorance livrée à l'imagination. Le savoir est un protecteur — le savoir qui fait disparaître l'effroi du cœur, le savoir et l'habitude, qui est le savoir mis en pratique. Ceux-là l'emportent, qui croient pouvoir l'emporter. C'est celui qui a fait l'acte une fois qui n'hésite pas à l'essayer de nouveau. C'est le groom qui connaît bien le cheval ombrageux qui peut le monter en sécurité. C'est le vétéran qui, en voyant la flamme du canon, peut s'écarter de la ligne du boulet. L'habitude fait un meilleur soldat que les considérations de devoir les plus pressantes — le fait d'être familiarisé avec le péril, le rendant capable de le juger. Il voit l'étendue du risque, et n'est pas victime de l'imagination ; il connaît en pratique le principe du maréchal de Saxe — à savoir que chaque soldat tué coûte à l'ennemi son poids de plomb.

Le marin perd ses craintes aussitôt qu'il acquiert l'expérience des voiles, des espars et de la vapeur ; il en est de même pour l'homme qui vit à la limite du désert, quand il a un excellent fusil et acquis la sûreté du tir. Chaque circonstance nouvelle suggère à l'expérience du marin ce qu'il doit faire. Les périodes de hasards terrifiants, qui rendent les heures et les minutes longues pour les passagers, il les passe tranquillement en une application incessante d'expédients et de réparations. Pour lui, une voie d'eau, une tempête, une trombe, représentent tel ou tel travail — rien de plus. Les chasseurs ne s'effraient pas des sangliers, des lynx ou des loups, ni l'éleveur de bétail, de son taureau, l'éleveur de chiens de son limier, l'Arabe du simoun, ou le fermier d'un incendie dans les bois. Une forêt en feu est chose assez décourageante pour un citadin : le fermier a l'expérience voulue pour lutter contre elle. Les voisins accourent; ils écrasent les flammes avec des branches de pins et, en creusant avec la houe une tranchée longue, mais étroite, ils limitent à un coin de terre l'incendie qui se serait aisément étendu à une centaine d'acres.

En résumé, le courage consiste à être à la hauteur du problème qui se pose à nous. L'écolier est intimidé devant son professeur par une question d'arithmétique, parce qu'il ne possède pas les simples éléments de la solution dont l'écolier à côté de lui s'est rendu maître. Ces éléments une fois saisis, il est aussi calme qu'Archimède, et procède avec entrain. Avoir du courage, c'est être à la hauteur du problème en matière d'affaires, de science, de commerce, de conseil, ou d'action; c'est avoir la conviction que les agents contre lesquels on lutte ne vous sont pas supérieurs en force, en ressources ou en esprit. Le général doit éveiller l'intelligence de ses soldats à la perception qu'ils sont des hommes, et que les ennemis ne sont rien de plus. Oui, le savoir est nécessaire, car le danger des dangers, c'est de se faire illusion. Les yeux s'intimident facilement; et les tambours, les drapeaux, les casques étincelants, la barbe et la moustache du soldat vous ont vaincu bien avant que son sabre ou sa baïonnette ne vous ait atteint.

Mais nous n'épuisons pas le sujet par une légère analyse; nous ne devons pas oublier la variété des tempéraments, qui modifient chacun la force de résistance. On a remarqué que les hommes de peu d'imagination sont moins timides; ils attendent d'avoir senti la douleur, tandis que ceux qui sont plus sensibles l'anticipent, et souffrent d'une manière plus aiguë de la crainte de la douleur que de la douleur même. Il est certain que la menace est quelquefois plus terrible que le coup, et il est possible que les spectateurs souffrent plus vivement que les victimes. La douleur corporelle est superficielle; elle siège d'ordinaire à la peau et aux extrémités, pour nous avertir d'être sur nos gardes; elle ne siège point dans les parties vitales, où la rupture qui produit la mort ne se sent peut-être pas, et la victime ignore ce qui l'a atteint. La douleur est chose superficielle, et par conséquent la crainte l'est aussi. Ce sont probablement les spectateurs qui éprouvent le plus vivement les tourments du martyre. Les tourments sont illusoires. La première souffrance est la dernière, le coup suivant se perdant dans l'insensibilité. Nos sympathies, nos souhaits pour le bien extérieur du héros s'expriment impétueusement par des larmes et de hauts cris; mais, comme lui-même, nous arrivons bientôt à une attitude d'indifférence et de défi, quand nous voyons combien le plus long bras de la méchanceté est court, et le patient serein.

Il est évident qu'il n'existe pas une entité spéciale qui s'appelle le courage, qu'il n'y a pas dans le cerveau une cavité ou une cellule, ni dans le cœur un vaisseau, contenant des gouttes ou des atomes qui formeraient ou donneraient cette vertu; mais le courage est l'état sain et normal de tout homme lorsqu'il est libre de faire les actes auxquels le pousse sa constitution. Il consiste à aller droit au but — à accomplir immédiatement ce que l'on doit faire. L'homme réfléchi vous dit : vous différez de moi par les opinions et la méthode; mais ne voyez-vous pas que je ne peux penser ou agir autrement, que ma manière de vivre est organique? Et pour être réellement forts, il nous faut adhérer à nos méthodes propres. Toute énergie relève d'une activité conforme au tempérament. Écoutez ce que les femmes disent de l'accomplissement d'une besogne par la seule force de la volonté : il leur en coûte un accès de fièvre. Plutarque raconte que quand la Pythonisse essayait de prophétiser dans le temple de Delphes sans en avoir reçu l'ordre, alors même qu'elle accomplissait les rites habituels et respirait l'air de la caverne en se tenant sur le trépied, elle tombait en convulsions et expirait. Assurément, il y a un courage qui tient au tempérament, un sang guerrier qui aime le combat et ne se sent lui-même que dans la lutte, comme on peut le voir chez les guêpes, les fourmis, les coqs, ou les chats. La même tendance se manifeste chez certaines races d'hommes, et dans toutes les races chez certains individus. Dans toutes les écoles, on trouve certains garçons querelleurs; dans tous les milieux, des hommes contredisants; dans toutes les villes, des « bravi » et des matamores plus ou moins bien habillés, des boxeurs, des hommes qui patronnent les combats de coqs et l'arène. Le courage est organique, scientifique, idéal. Swedenborg a laissé sur son roi ce témoignage : « Charles XII de Suède ignorait ce que les autres entendaient par la peur, et ne connaissait pas davantage cette fausse valeur ou audace que provoquent les boissons enivrantes, car il ne but jamais autre chose que de l'eau pure. Nous pouvons dire de lui qu'il eut une vie plus éloignée de la mort que tout autre homme et que, en fait, il vécut davantage. » On a dit du Prince de Condé « qu'alors qu'il n'existait pas au monde d'homme plus violent que lui, le danger dans le combat n'avait d'autre effet que de le rendre courtois, de lui faire donner des ordres à ses officiers et à ses hommes sous une forme des plus obligeantes, sans troubler aucunement son esprit ». Chacun a son courage personnel, comme son talent propre; mais le courage du tigre est une chose, et celui du cheval une autre. Le chien qui dédaigne se battre, se battra pour son maître. Le lama qui portera un fardeau, si vous le caressez, refusera la nourriture et mourra si vous lui donnez des coups. L'impétuosité de l'attaque est une chose, et la tranquille endurance une autre. Il y a un courage de cabinet de travail aussi bien qu'un courage de champ de bataille; un courage d'attitude dans les réunions privées, et un courage dans les réunions publiques; un courage qui rend l'individu capable de s'adresser avec autorité à un auditoire hostile, tandis qu'un autre qui affronterait aisément une bouche de canon n'ose pas ouvrir la sienne.

Il y a le courage du marchand dans son commerce, courage grâce auquel il affronte de dangereuses difficultés d'affaires, et l'emporte sur elles. Les marchands reconnaissent autant d'héroïsme dans la conduite d'un homme d'affaires prudent et loyal, que les soldats chez un soldat, et savent également l'apprécier.

Il y a du courage dans la manière dont les maîtres en architecture, en sculpture, en peinture ou en poésie, traitent leur art, chacun d'eux animant comme par de véritables traits de génie l'esprit du spectateur — courage qui toutefois n'implique nullement chez l'artiste l'existence de la bravoure physique. Une certaine quantité de puissance appartient à une certaine quantité de talent. La belle voix va retentissant dans l'Église, et recouvre de son étendue, comme d'un manteau, tous les défauts de chacun. Les chanteurs y cèdent tous, je l'ai remarqué ; et ainsi la cantatrice suit son instinct, ose, et ose davantage, parce qu'elle sait qu'elle le peut.

Le courage donne dans chaque profession le ton décisif. Le juge étudie avec attention les contradictions enchevêtrées de la cause, l'aborde carrément, et par le fait qu'il ne s'en effraie pas, la traitant comme une affaire qu'il peut régler, il s'aperçoit bientôt que l'arithmétique ordinaire et les méthodes courantes s'appliquent à la question. La persévérance la dépouille de toute particularité, et la met au même rang que les autres affaires. Morphy jouait audacieusement aux échecs ; mais l'audace n'était qu'une illusion du spectateur, car le joueur veillait à ce que ses coups fussent bien couverts et sûrs. Vous pouvez voir la même chose dans la critique ; un livre nouveau étonne pendant quelques jours, se place en dehors du jugement commun, et personne ne sait qu'en dire : mais le scholar ne se laisse pas tromper. Les antiques principes, que les livres ne sont là que pour formuler, sont supérieurs à n'importe quel livre ; et grâce à son amour du réel, il peut décider d'une façon experte dans quelle mesure le livre se rapproche des principes, et dans quelle mesure il s'en écarte. Dans tous les cas, il y a là la même force — l'habitude de s'en référer à son propre esprit, source de toute vérité et de tout jugement, et qui peut aisément classer n'importe quel livre parce qu'il peut très bien se passer d'eux tous. Quand un homme plein de confiance en lui arrive dans une réunion exalter tel ou tel auteur qu'il vient de lire, les interlocuteurs restent silencieux et confus de leur ignorance. Mais je me souviens que quand nous lui demandions s'il avait lu telle ou telle nouveauté bruyante, le vieux professeur, dont l'esprit pénétrant gravait chacun des mots qu'il prononçait dans la mémoire des élèves, répondait : « Non, je n'ai pas lu ce livre-là » ; aussitôt, le livre perdait son crédit, et l'on n'en parlait plus.

Chaque être a le courage de sa constitution, en rapport avec ses devoirs : Archimède a le courage du géomètre qui s'attache à ses diagrammes, inattentif au siège et au sac de la ville ; et le soldat romain, sa capacité de frapper Archimède. Chacun est fort quand il s'appuie sur ce qui lui est propre, et chacun se perd quand il cherche en lui-même la forme de courage des autres.

Le capitaine John Brown, le héros du Kansas, me disait dans une conversation que, « comme colon en un pays neuf, un homme bon, croyant, d'esprit ferme, vaut cent, et même mille hommes sans caractère ; et que les hommes justes donnent une direction permanente aux destinées d'un État. Quant à ces fiers-à-bras, ces buveurs dont se composent ordinairement les armées, il pensait que le choléra, la petite vérole et la phtisie étaient d'aussi bonnes recrues ». Il avait la conviction que la valeur et la chasteté se taisent sur elles-mêmes. Il disait : « Aussitôt que j'entends un de mes hommes dire : « Ah ! que je voie seulement l'in- « dividu, et je l'abattrai ! » je ne m'attends pas à ce que ce hâbleur apporte beaucoup d'aide dans le combat. Ce sont les hommes calmes, placides, les hommes de principes qui font les meilleurs soldats. »

> Le plus brave à la guerre, on le constate encor,
> Était auparavant l'homme le plus modeste.

Le vrai courage ignore l'ostentation ; les hommes qui désirent inspirer la terreur semblent par là s'avouer poltrons. Pourquoi s'appuient-ils sur elle, sinon parce qu'ils sentent quelle force elle a sur eux?

Le sang-froid véritable a une heureuse influence. Il crée un lien entre gens ennemis. Dans le récit de sa première entrevue avec son prisonnier, le gouverneur Wise, de la Virginie, apparaît sous un beau jour. Si le gouverneur Wise est un homme supérieur, dans la mesure où il est un homme supérieur, il doit sentir la valeur de John Brown. En conférant, ils se comprennent rapidement ; chacun respecte l'autre. Si les conjonctures le permettaient, ils préféreraient leur société mutuelle à toute autre, et abandonneraient leurs anciens compagnons. Les ennemis se prendraient en affection. Hector et Achille, Richard et Saladin, Wellington et Soult, le général Dumas et Abd-el-Kader, s'aperçoivent qu'ils sont plus rapprochés que n'importe quel autre groupe d'amis, et si leur nationalité et les circonstances ne les séparaient pas, ils se jetteraient dans les bras l'un de l'autre.

Voyez aussi l'heureuse contagion du courage. Partout, il découvre ce qui est sien avec une sorte d'affinité magnétique. Le courage du soldat éveille le courage de la femme. Florence Nightingale apporte de la charpie et la bénédiction de son ombre. Des femmes héroïques s'offrent comme infirmières des braves vétérans. La troupe de fantassins de la Virginie venue pour garder la prison de John Brown demande la permission de présenter ses respects au prisonnier. La poésie et l'éloquence saisissent la donnée, et prennent leur essor à une hauteur auparavant inconnue. Tout sent le souffle nouveau, excepté les vieux politiciens radoteurs et à demi morts, dont la trompette de la résurrection ne pourrait réveiller le cœur.

Ce qui fait le charme des courages supérieurs, c'est qu'ils sont des inventions, des inspirations, des éclairs du génie. Le héros n'aurait pu accomplir son exploit à une autre heure, en une disposition d'esprit moins élevée. La manifestation la plus haute du merveilleux génie de la Grèce a été sa première manifestation; elle n'est pas dans les statues du Parthénon, mais dans l'instinct qui, aux Thermopyles, tint l'Asie en respect, chassa l'Asie de l'Europe — empêcha l'Asie avec ses vieux usages et son esclavage enraciné, de corrompre les expériences et l'aube nouvelle de l'Occident. Les statues, l'architecture, ont été les créations plus tardives et inférieures de ce même génie. En face de cette heure de l'histoire, nous reconnaissons un instinct prophétique meilleur que la sagesse. Napoléon disait avec raison : « Ma main est immédiatement reliée à ma tête »; mais le courage *sacré* est relié au cœur. L'esprit n'est qu'une moitié, une portion, tant qu'il n'est pas élargi et inspiré par le sentiment moral. Car ce ne sont pas les ressources où nous puisons, la santé, la richesse, le savoir-faire pratique ou le talent adroit, la multitude des disciples qui comptent, mais seulement les fins. Les fins réagissent sur les moyens. Une fin supérieure agrandit les moyens. L'eau et la farine qui sont la ration des *enfants perdus* qui risquent leur vie pour défendre le défilé sont aussi sacrées que le Saint Graal ou, si l'on avait des yeux qui pénètrent la combinaison chimique, que le combustible qui se précipite pour alimenter le soleil.

Il y a dans l'âme de l'homme la conviction qu'il est là pour une cause, que le Créateur l'a mis à cette place afin d'accomplir l'œuvre pour laquelle il l'inspire, et qu'ainsi il est supérieur à tous les adversaires qui pourraient se conjurer contre lui. La pieuse Mrs Hutchinson dit au sujet de quelques incidents de la lutte de Nottingham contre les cavaliers : « La grande leçon, c'est que les courages les meilleurs ne sont que des inspirations du Tout-Puissant. » Et partout où le sentiment religieux s'affirme d'une manière adéquate, ce doit être avec un courage éblouissant. Aussi longtemps qu'on l'insinue d'une manière lâche, comme avec le désir de défendre quelque intérêt particulier et temporaire, ou de l'amener à affirmer quelque dogme pratique que notre église paroissiale accepte aujourd'hui, on ne le communique pas, et il ne peut ni inspirer, ni créer. Car il est toujours nouveau, toujours il dirige et surprend, et la réalité n'est jamais à sa hauteur. Il paraît toujours dans le monde des hommes qui, presque aussitôt nés, prennent tout droit le chemin de la roue de l'inquisiteur ou de la hache du tyran, comme Giordano Bruno, Vanini, Paul, Jésus, et Socrate. Voyez les *Vies des martyrs*, par Fox, l'*Histoire des Quakers*, par Sewell, le *Livre de l'Église* par Southey, les infolios des frères Bollandistes, qui ont réuni les vies de vingt-cinq mille martyrs, de confesseurs, d'ascètes, et d'hommes qui se sont mortifiés eux-mêmes. Beaucoup de ces récits sont fabuleux, mais ils contiennent un large fonds de réalité. L'épiderme délicat ne recule pas devant les baïonnettes, la femme timide n'a pas peur du bûcher; la roue n'effraie pas, et la pendaison n'a rien d'ignominieux. Lié à la potence, le pauvre puritain, Antony Parsons, s'attacha de la paille sur la tête quand le feu approcha, et dit : « C'est le chapeau de Dieu. » Le courage sacré montre qu'un homme aime une idée plus que toutes choses au monde, qu'il ne vise ni au lucre, ni au confort, mais risque tout pour réaliser la pensée invisible de son esprit. Il est partout un libérateur, mais d'une indépendance idéale ; il ne cherche pas à avoir des terres, de l'argent, ou des commodités, mais à n'avoir d'autres limites que celles que lui impose sa constitution propre. Il est libre de dire la vérité, il n'est pas libre de mentir. Il désire briser par toute la terre les jougs qui empêchent ses frères d'agir selon leur pensée.

Il est des degrés dans le courage, et chaque pas en avant nous initie à une vertu plus haute. Disons donc nettement que l'éducation du vouloir est le but de notre existence. La pauvreté, la prison, la roue, le feu, la haine et l'exécration de nos semblables, semblent des épreuves au-dessus des forces du commun de l'humanité ; mais pour le héros dont l'intelligence est élargie par l'âme, et qui par conséquent mesure ses peines au bien que sa volonté entrevoit, ces terreurs s'évanouissent comme les ténèbres au lever du soleil.

Durant les périodes amollies de la paix, nous n'avons guère le droit de nous prononcer sur ces hauteurs de caractère exceptionnelles ; mais nous n'avons aucune garantie de sécurité. Dans la vie la plus retirée, le devoir difficile n'est jamais loin. Aussi devons-nous penser avec courage. Les scholars et les penseurs ont tendance à s'efféminer, et tremblent quand des cris plus rudes montent de la rue, ou que les journaux rapportent un acte brutal. Le collège médical accumule dans son Muséum ses horribles monstres de constitution anormale, et il est des sceptiques mélancoliques, goûtant la pourriture, qui se délectent aux faits épouvantables de l'histoire, aux persécutions, aux inquisitions, aux massacres de Saint-Barthélemy, aux vies démoniaques, aux Néron, César Borgia, Marat, Lopez — aux hommes chez qui tout rayon d'humanité s'est éteint, aux parricides, aux matricides, à tous les monstres moraux. Ce ne sont pas là des faits réconfortants; mais ils ne troublent pas un être sain d'esprit; ils exigent de nous une endurance aussi robuste que la puissance qui nous attaque, et un inlassable examen des causes finales. Le loup, le serpent, le crocodile, ne sont pas hors d'harmonie avec la nature, mais deviennent utiles en tant qu'obstacles, dévorateurs de pourriture et pionniers; et nous devons avoir des vues aussi larges que celle de la Nature pour agir avec les hommes bestiaux, découvrir les besognes de nettoyeurs qui leur sont assignées, et entrevoir dans l'amélioration séculaire de notre planète comment de tels êtres seront un jour inutiles, et disparaîtront.

Il n'a pas appris la leçon de la vie celui qui chaque jour ne surmonte pas une crainte. Je ne désire pas me mettre, ni mettre qui que ce soit, en une position théâtrale, ou l'inciter à singer le courage de son compagnon. Ayez le courage de ne pas adopter le courage d'un autre. Dans notre condition et notre travail propres, il y a pour nous assez d'horizon, de cause et de force de résistance. Et il n'est pas de Credo d'honnête homme, Chrétien, Turc ou Gentil, qui ne le prêche également. Si vous n'avez pas foi en l'existence d'un pouvoir bienveillant au-dessus de vous, mais ne voyez qu'un Fatum adamantin enserrant ses cercles autour de la nature et de l'homme, réfléchissez alors que la meilleure utilité du Fatum est de nous enseigner le courage, quand ce ne serait que parce que la lâcheté ne peut modifier l'événement prédéterminé. Si vous acceptez vos pensées comme des inspirations de l'Intelligence suprême, obéissez-leur quand elles prescrivent des devoirs difficiles, car elles ne viennent qu'aussi longtemps qu'on les met en pratique ; ou, si votre scepticisme va jusqu'à la limite dernière, si vous ne vous fiez à aucun esprit étranger, alors soyez brave, car il est une bonne opinion qui doit toujours avoir de l'importance pour vous, à savoir — la vôtre.

———

J'ai eu l'autorisation d'enrichir mon chapitre d'un exemple de pur courage emprunté à la vie réelle, tel qu'il est rapporté en une ballade par une femme qui a connu exactement tous les détails de l'aventure[1].

GEORGE NIDIVER

Il est des faits de haute gloire,
Chantés des bardes d'hier :
Pour moi, je veux dire l'histoire
Du bon George Nidiver.

---

1. Il est regrettable que, dans son admiration pour le courage de George Nidiver, Emerson n'ait pas senti la faiblesse de cette Ballade, et que sa modestie ait pu y voir un « enrichissement » pour son Essai (T.).

LE COURAGE

Dans les monts de Californie
    C'était un vaillant chasseur :
Ses yeux perçants, sa main hardie,
    Étaient du plus sûr tireur.

Un enfant indien sur ses traces
    Marchait toujours pas à pas,
Heureux d'avoir part à ses chasses,
    D'avoir sa part des repas.

Et lorsque, grâce à son adresse,
    On voyait les oiseaux tomber,
Avec un élan d'allégresse,
    L'enfant accourait l'aider.

Un jour, par une route étroite,
    Resserrée aux flancs du mont,
Fermée à gauche et close à droite,
    Ils allaient péniblement,

Quand, soudain, un couple sauvage
    D'ours excités par la faim,
Bondissant furieux, pleins de rage,
    Se dressent sur le chemin.

Le garçon, l'épouvante en l'âme,
    Se sauve en poussant un cri ;
Mais l'un des ours, les yeux en flamme,
    Court vers l'enfant qui s'enfuit.

N'ayant qu'*une* seule cartouche,
    Le chasseur, tranquillement,
Épaule son fusil, et touche
    L'ours qui poursuivait l'enfant.

Mais l'autre, avec des pas rapides,
    S'avance sur Nidiver :
Le chasseur reste les mains vides
    Devant l'ours terrible et fier.

Lui, le chasseur est *sans défense*.
    Contre ces grands bras velus,
Bâton, fusil, ont l'impuissance
    Qu'auraient de simples fétus.

Nidiver lève haut la tête
  Et regarde fixement;
L'animal étonné s'arrête,
  Puis marche d'un pas plus lent.

Le chasseur le regarde en face,
  Bien que son cœur batte fort;
La bête, que ce regard glace,
  Hésite, et s'arrête encor.

Le chasseur plonge en sa prunelle,
  Calme, il ne recule pas;
Sa fermeté demeure telle,
  Que l'ours s'éloigne à lents pas.

Que pensèrent la bête et l'homme?
  L'ours, je ne le sais pas bien.
Pour Nidiver, mieux vaut en somme
  Deviner, sans dire rien.

Mais son coup, prompt comme la foudre,
  Choix d'un esprit courageux,
Montre dans l'éclair de la poudre
  Le fond d'un cœur généreux.

LE SUCCÈS

LE SUCCÈS

On ne peut reprocher à notre peuple américain d'être lent à exécuter ses desseins ou à vanter ses œuvres. Nos machines ébranlent la terre. Nous avons conscience de notre jeunesse, de nos os et de nos nerfs. Nous avons l'avantage du territoire et des côtes, et savons en user. Nous faisons notre recensement, voyons nos agrandissements, examinons notre carte, qui vieillit en un an ou deux. Nos regards courent avec approbation le long de nos lignes de chemins de fer et de télégraphes qui s'étendent. Nous sommes allés le plus près du Pôle. Nous avons découvert le Continent antarctique. Nous intervenons dans l'Afrique centrale et méridionale, et à Canton, et au Japon; nous agrandissons un territoire déjà énorme. Notre constitution politique est l'espoir du monde, et nous nous estimons d'après tous ces exploits.

C'est le procédé du monde; c'est la loi de la jeunesse, et de la force qui se développe. Chaque homme a en lui un talent dominant qui, grâce à une certaine adaptation des doigts, de l'oreille, de l'œil, grâce à un don en matière de mathématiques, de pugilat, de musique ou de lettres, enrichit la communauté d'un art nouveau ; et ce n'est pas nous seulement qui estimons ces témoignages, mais tous les hommes de race européenne. Giotto pouvait tracer un cercle parfait ; Erwin de Steinbach pouvait bâtir une cathédrale ; Olaf, roi de Norvège, pouvait courir autour de sa galère sur le plat des avirons des rameurs, quand le bateau était en marche ; Ojeda pouvait courir rapidement sur une planche avancée dans le vide en haut d'une tour, tourner vivement sur lui-même, et revenir ; Evelyn écrit de Rome : « Avant mon arrivée à Rome, le Florentin Bernini, sculpteur, architecte, peintre et poète, a fait représenter publiquement un opéra dont il a peint les décors, sculpté les statues, inventé le machinisme, composé la musique, écrit le livret, et bâti le théâtre. »

« Il n'y a rien dans la guerre », disait Napoléon, « que je ne puisse faire par moi-même. S'il n'y a personne pour faire la poudre à canon, je puis la fabriquer. Je sais comment construire un affût de canon. S'il est nécessaire de fondre des canons à la forge, je puis le faire. S'il est nécessaire d'enseigner les détails de leur manœuvre dans la bataille, je l'enseignerai. Dans l'administration, c'est moi seul qui ai organisé les finances, comme vous le savez. »

Entre beaucoup d'exemples du savoir bienfaisant de Linné, on raconte que lorsqu'en Suède les bois de charpentes des chantiers de constructions navales tombèrent en pourriture, le Gouvernement lui demanda de trouver un remède. Il étudia les insectes qui rongeaient le bois, découvrit qu'ils déposaient leurs œufs dans les poutres à certains jours d'avril, et conseilla de plonger à cette époque les poutres sous l'eau dans les docks pendant dix jours ; la chose faite, les bois de charpentes ne se pourrirent plus.

Colomb trouva à Véragua une grande quantité d'or ; mais quittant le rivage, le vaisseau rempli de cent cinquante marins capables — parmi lesquels de vieux pilotes dont il ne connaissait que trop la ruse et la traîtrise — le sage amiral prit personnellement ses notes sur la voie suivie au retour. Et quand il atteignit l'Espagne, il dit au roi et à la reine qu'ils pouvaient demander à tous les pilotes qui étaient allés avec lui où se trouvait Véragua. Qu'ils répondent et disent s'ils savent où Véragua se trouve. J'affirme qu'ils ne peuvent dire autre chose, sinon qu'ils sont allés en des contrées où l'or abonde ; mais ils ne connaîtraient pas le chemin pour y retourner, et seraient obligés de faire un voyage de découverte, tout comme s'ils n'y avaient pas été auparavant. « Il est », ajouta-t-il fièrement, « une manière de faire ses calculs d'après l'astronomie, manière qui est sûre et certaine pour quiconque peut l'entendre. »

En Grèce, Hippocrate sut comment arrêter le fléau dévorant qui ravagea à son époque la ville d'Athènes, et son savoir périt avec lui. Le Dr Benjamin Rush, à Philadelphie, dirigea héroïquement la cité dans sa lutte contre la fièvre jaune de 1793. Leverrier porta le système de Copernic dans sa tête, et sut où observer la nouvelle planète. Nous avons vu une femme américaine écrire un roman dont il s'est vendu un million de copies en toutes les langues, et qui avait le mérite unique de s'adresser en chaque maison à trois sortes d'auditoires avec un intérêt égal — à l'auditoire de la cuisine, à celui du salon, et à celui de la « nursery ». Nous avons vu des femmes qui ont pu créer des hôpitaux et des écoles dans l'armée. Nous avons vu une femme qui par son seul chant pouvait attendrir l'âme de foules entières. Il n'est point de limites à cette variété de talents.

Ce sont là des dons dont nous devons être reconnaissants — car chacun marque une nouvelle orientation de la puissance humaine. Nous ne pouvons que les respecter. Notre civilisation est faite d'un million de contributions de cette espèce. Quant au succès, nous le regardons assurément pour les autres comme une pierre de touche, puisque tout d'abord nous en jugeons ainsi pour nous-mêmes. Nous nous respectons davantage quand nous avons réussi. Nous ne refusons pas non plus à chacun de ces bienfaiteurs l'éloge ou le profit qui résulte de son travail.

On trouve déjà dans ces exemples des degrés de mérite moral tout à fait différents. Je ne sais si nous, et ailleurs les gens de notre race, n'accordons pas plus d'importance à la richesse, à la victoire, aux grossières supériorités de toutes sortes, que ne le font les autres hommes — mais nous avons moins de tranquillité d'esprit, sommes moins aisément satisfaits. Dès l'enfance, on inculque au Saxon le désir d'être le premier. Le Scandinave était un cavalier, un combattant, un pirate incapable de repos. Les anciennes Ballades scandinaves le représentent comme affligé de cette soif de victoire inextinguible. La mère dit à son fils :

> Que le succès soit en ton destrier,
> Qu'il soit en toi, c'est le mieux pour la lutte,
> Qu'il soit en toi, dans ta main, dans ton pied,
> Dans ton combat contre l'homme et la brute :

> Que le grand Dieu et le bon Saint Drothin
> Veuillent toujours veiller sur ton chemin ;
> Sois bien en garde, en garde Sven Vonved !

Ces exploits que nous exaltons ne signifient pas autant que nous voulons bien le dire. Ces inventions si vantées sont d'origine très récente. Ce sont des commodités locales, mais elles n'ajoutent rien à notre stature. Les plus grands hommes du monde se sont arrangés pour n'en pas avoir besoin. Newton a été un grand homme sans le télégraphe, le gaz, le chemin de fer, les souliers de caoutchouc, les allumettes, l'éther pour alléger les souffrances physiques ; il en a été de même de Shakespeare, d'Alfred, de Scipion, et de Socrate. Ce sont là des commodités locales ; mais comme il est facile d'aller aujourd'hui en certaines parties du monde où non seulement ces inventions font défaut, mais où on les méprise ! Les Sheiks arabes, les hommes les plus dignes qui se puissent rencontrer sur la terre, n'en ont pas besoin ; cependant, ils ont autant le respect de soi que les Anglais, et inspirent naturellement au Français ou à l'Américain qui les visite ce sentiment de déférence dû à l'homme courageux qui se suffit à lui-même.

Assurément, il est dans ces découvertes de grandes différences au point de vue du mérite, et quelques-unes d'entre elles impliquent un pouvoir d'ordre supérieur. Mais le public apprécie l'invention plus que ne le fait l'inventeur même. L'inventeur sait qu'à la source d'où la chose a surgi, il y a beaucoup plus et beaucoup mieux encore. Le public y voit un secret lucratif. Les gens constatent la rémunération dont jouit l'inventeur, et pensent : « Comment en gagner autant? » Les lois de la cause et de l'effet sont quelque peu fastidieuses; comment atteindre d'emblée au résultat par des procédés expéditifs ou trompeurs? Nous ne sommes pas scrupuleux. Ce que nous demandons, c'est le succès, sans nous préoccuper du moyen, d'après la règle de Rob Roy, d'après la règle de Napoléon : être aujourd'hui le plus fort — le procédé des Talleyrands — gens prudents dont les montres avancent sur celles de leurs voisins, qui discernent le premier moment de déclin, et se précipitent à l'instant même du côté de la victoire. J'ai entendu rapporter que Nelson avait coutume de dire : « Ne faites pas attention à l'injustice ou à l'impudence; laissez-moi seulement réussir. » L'unique devoir du défenseur, d'après Lord Brougham, est « de disculper le prisonnier ». Fuller dit que c'est une maxime des hommes de loi « qu'une couronne une fois portée absout tous les défauts de celui qui la porte ». *Rien ne réussit mieux que le succès*[1]. Et nous Américains, sommes atteints de cette folie, comme peuvent bien le montrer notre politique téméraire et nos banqueroutes. Nous sommes grands par l'exclusion, l'avidité et l'égoïsme. Notre succès dérobe à tous ce qu'il donne à un seul. C'est une course hagarde, pernicieuse, épuisante après la fortune.

L'égoïsme est une sorte de boucran qui donne aux hommes une force et une concentration momentanées, et semble très employé dans la nature pour les ouvrages qui exigent une énergie locale et spasmodique. Je pourrais indiquer dans ce pays des

---

1. En français, dans le texte.

hommes de ce tempérament, qui sont d'une importance considérable pour la marche de la vie américaine, et dont nous nous passerions difficilement; chacun d'eux serait une perte nationale. Mais cet égoïsme gâte la conversation. Ils ne veulent pas en venir avec vous aux expériences. Ils jettent toujours leur cher moi entre vous et eux. Il est évident qu'il leur faudrait une longue éducation pour atteindre à cette simplicité, cette manière d'agir ouverte, qui sont les qualités dont un homme judicieux se soucie le plus chez ses compagnons. La Nature sait comment transformer le mal en bien; la Nature utilise les avares, les fanatiques, les charlatans, les égoïstes, pour l'accomplissement de ses fins; mais ce n'est pas une raison pour avoir une meilleure opinion du défaut. La passion du succès soudain est brutale et puérile; il en est exactement d'elle comme de la guerre, des canons, et des exécutions dont on se sert pour débarrasser le territoire des êtres sauvages, mauvais grossiers, incorrigibles, mais toujours au détriment des conquérants.

Je hais cet Américanisme creux qui espère s'enrichir par le crédit, acquérir des informations par des coups sur les tables, à minuit, apprendre les lois de l'esprit par la phrénologie, obtenir le talent sans étude, la maîtrise sans apprentissage, la vente des marchandises en prétendant qu'elles se vendent, le pouvoir en faisant croire qu'on est puissant, en recourant à un jury élu subrepticement, à un parti politique, à la corruption et à la « répétition » des votes, ou la richesse par la fraude. Ils croient y avoir réussi, mais ils ont quelque chose d'autre — un crime qui appelle un autre crime, et un autre démon derrière celui-là; ce sont des acheminements au suicide, à l'infamie, et l'humanité en souffre. Nous nous encourageons mutuellement dans cette vie de parade, de duperie, d'annonces, de fabrication de l'opinion publique; et dans la passion du résultat rapide et de la louange, on perd de vue l'excellence.

Un sage, un artiste italien, Michel-Ange, a écrit en parlant de lui-même : « Dans l'intervalle, le cardinal Ippolito, en qui j'avais mis mes plus hautes espérances, étant mort, je commençai à comprendre que les promesses de ce monde sont, pour la plupart de vains fantômes, et que se fier à soi-même, devenir un être de mérite et de valeur, est la voie la meilleure et la plus sûre. » Et maintenant, bien que je ne sois nullement certain que le lecteur se rangera à toutes mes affirmations, je crois que nous tomberons d'accord sur la première règle du succès — laisser là toute vanterie et publicité, et adopter la méthode de Michel-Ange : « Se fier à soi-même, et devenir un être de mérite et de valeur. »

Tout homme a un don inné qui lui permet d'accomplir aisément certains actes impossibles à aucun autre. Faites votre œuvre. J'ai à le dire souvent, mais la Nature le dit plus souvent encore. C'est chose ridicule de s'obstiner à faire tout de ses propres mains, comme si chacun devait construire sa propre cabane, forger son marteau, et cuire sa pâte; mais chacun doit oser faire ce qu'il peut faire le mieux, aider les autres, non de la manière dont ceux-ci le prétendent, mais d'après le pouvoir bienfaisant dont il a conscience. Agir autrement, c'est neutraliser tous ces talents spéciaux extraordinaires répartis entre les individus. Cependant, alors que cette fidélité à soi-même est indispensable au maintien du monde, au développement et à la gloire de chaque esprit, il est rare de trouver un homme qui croie à sa propre pensée, ou formule ce qu'il a été créé pour dire. Rien n'étonne tant les hommes que le sens commun et la droiture; de même, rien n'est plus rare en tout homme qu'un acte qui soit sien. Tout travail lui paraît merveilleux, excepté celui qu'il peut faire. Nous ne croyons pas à notre pensée; il nous faut servir quelqu'un, il nous faut citer quelqu'un; nous nous passionnons pour ce qui est antique et lointain; nous sommes flattés par les noms célèbres; nous importons la religion des autres nations, nous citons leurs lois. Les tribunaux les plus sérieux de ce pays ont peur d'affronter une question nouvelle, et attendront des mois et des années un cas à torturer de manière à en faire un précédent, et à rejeter ainsi sur un groupe plus hardi l'*onus* d'une initiative. Ainsi nous ne portons pas en nous-mêmes notre propre tribunal, ou l'ignorons; et parce que nous ne pouvons secouer de nos souliers cette poussière de l'Europe et de l'Asie, le monde semble né vieux; il semble qu'on ait jeté un sort à la société; chacun est un emprunteur et un mime; la vie est factice, et la littérature, une citation; de là cette dépression d'esprit, cette ride de souci qui marque, dit-on, le front de tout Américain.

Le premier secret du succès est la confiance en soi, la conviction que si vous êtes là, c'est que les pouvoirs de l'Univers vous y ont mis avec un motif, une tâche qui vous est strictement assignée de par votre constitution, et qu'aussi longtemps que vous y travaillerez, vous vous trouverez bien et réussirez.

Il ne s'agit nullement de se précipiter avant l'heure vers quelque exploit éclatant qui attirera le regard des spectateurs et les satisfera. Il suffit que vous travailliez dans votre vraie direction. L'œuvre est si loin de constituer le succès réel, qu'il est évident que le succès lui est de beaucoup antérieur, c'est-à-dire remonte au temps où tous les faits qui forment notre civilisation étaient dans les idées de quelques bons esprits. Bien que la foule acclame uniformément le vulgarisateur, et non l'inventeur, la gloire de chaque découverte nous attache avec raison à l'esprit qui a trouvé la formule contenant tous les détails, et non aux fabricants qui gagnent maintenant de l'argent avec elle. La sottise des foules, c'est de ne pas voir la maison dans le plan, l'œuvre dans le modèle de l'inventeur. Tant qu'elle est à l'état de pensée, que ce soit un nouveau combustible, ou un nouvel aliment, ou la création de l'agriculture, on la discrédite, c'est une chimère : mais quand elle est un fait, et vient sous la forme du huit pour cent, du dix pour cent, du cent pour cent, on s'écrie : « C'est la voix de Dieu ! » Le sculpteur Horatio Greenough me disait, au sujet de la visite de Robert Fulton à Paris : « Fulton a frappé à la porte de Napoléon avec la vapeur, et a été éconduit ; et Napoléon a vécu assez longtemps pour apprendre qu'il avait rejeté un pouvoir plus grand que le sien. »

Est-il impossible d'aimer le savoir, d'aimer l'art, d'aimer notre projet pour lui seul ? Ne pouvons-nous nous contenter d'accomplir notre œuvre, d'acquérir la vérité et la force, sans avoir besoin de louanges ? J'arrive à ma fin, j'arrive à toutes les fins, si je parviens à pénétrer mon semblable d'une vérité qui lui enseigne sa propre valeur. Le résumé de la sagesse, c'est que le temps donné au travail n'est jamais perdu. Le bon travailleur ne dira jamais : « Voilà, cela pourra aller »; mais : « Voilà, la chose est faite : essayez-la, recommencez, elle durera toujours ». Si l'artiste, en quelque art que ce soit, travaille consciencieusement d'après son propre plan, peu importe, qu'il n'ait pas encore trouvé de commandes ou de clients. Je le déclare heureux le jeune homme qui se contente d'avoir acquis le talent auquel il visait, et attend de plein gré l'occasion de le faire apprécier, sachant bien qu'elle ne tardera pas. Le temps que votre rival passe à parer son œuvre en vue de l'effet, hâtivement et pour la vente, vous le passez en études et en expériences qui mènent au savoir, à une capacité véritable. Grâce à ses procédés, l'autre a vendu son tableau ou sa machine, gagné le prix ou obtenu le poste; mais vous vous êtes élevés à une plus haute règle d'art, et quelques années suffiront à montrer la supériorité du maître réel sur la popularité passagère du charlatan. Je sais qu'il est bien délicat de discerner cette confiance en soi, qui est le gage de toute vigueur mentale et de tout travail, de la maladie à laquelle elle s'allie — l'exagération du rôle que nous pouvons jouer; cependant, ce sont deux choses différentes. Mais la santé de l'esprit, c'est de savoir que, par delà mon talent ou mon savoir-faire, et un million de fois supérieure à n'importe quel talent, se trouve l'Intelligence centrale qui s'assujettit et utilise tous les talents; et ce n'est qu'en tant qu'ouverture sur cette Intelligence, que le talent ou le savoir qui en découle est de quelque valeur. Celui-là seul qui pénètre en cette Intelligence centrale, où il ne saurait y avoir ni égoïsme ni exagération, parvient à se posséder lui-même.

Mon second point, c'est que dans la hiérarchie des facultés, ce n'est pas le talent, mais la sensibilité qui vaut le mieux : le talent vous isole, mais la vie centrale vous met en relation avec tous. Comme naître avec un heureux talent qui s'adapte aux dispositions de la race humaine semble souvent le plus grand des biens ! Un homme qui a ce talent se sent en harmonie avec l'ensemble, et sa puissance de réceptivité lui donne une force infinie. Comme Alfred, « la bonne fortune l'accompagne ainsi qu'un don de Dieu ». Ayez conscience de vous-même, et ne vous laissez pas intimider par les choses. C'est la plénitude de l'homme qui se précipite dans les objets, et qui fait ses Bibles, ses Shakespeare et ses Homère si grands. Le lecteur heureux emprunte à ses propres idées pour remplir leurs contours défectueux, et ne sait pas qu'il emprunte et qu'il donne.

Il y a quelque chose de pauvre dans notre critique. Nous supposons qu'il n'y a qu'un petit nombre de grands hommes, que tout le reste est petit ; nous supposons qu'il n'y a qu'un Homère, un Shakespeare, un Milton, un Socrate. Mais dans ses heures rayonnantes, l'âme n'admet pas ces usurpations. Nous devrions savoir faire l'éloge de Socrate, de Platon ou de saint Jean, sans nous appauvrir. Dans nos meilleures heures, nous ne trouvons pas que Shakespeare ou Homère nous surpassent — ils n'ont été que les interprètes du présent lumineux — et tous les hommes et toutes les femmes sont des possibilités divines. C'est le bon lecteur qui fait le bon livre ;

un esprit solide ne peut lire mal : dans chaque livre, il trouve des passages qui semblent des confidences ou apartés cachés à tous, et qui s'adressent indubitablement à lui.

La lumière par laquelle nous voyons en ce monde vient de l'âme de l'observateur. Partout où s'est trouvé un sentiment noble, il a fait resplendir autour de lui les demeures et les visages. Que dis-je, les forces de ce cerveau actif sont miraculeuses et sans limites. De là procèdent les formules et les principes par lesquels on agit sur tout le domaine de la matière. Il n'est pas de prospérité, de commerce, d'art, de ville, ou de grande richesse matérielle d'aucune sorte dont, si vous remontez à l'origine, vous ne trouviez la source dans la pensée de quelque individu.

Toute la vie n'est-elle qu'une question superficielle? Chose curieuse, nos différences d'esprit semblent n'être que des différences d'impressionnabilité, de faculté de saisir de faibles voix et visions, de plus faibles, et d'infiniment plus faibles. Quand le scholar ou l'écrivain s'est épuisé le cerveau à penser et à faire des vers, et va ensuite à la Nature, n'a-t-il jamais découvert que dans l'air que siffle un enfant, dans le chant d'un oiseau, il y a plus de poésie qu'en tous ses produits littéraires? C'est ce que nous appelons la santé. Qu'y a-t-il d'aussi admirable que la santé du jeune homme? il a de longues journées parce qu'il a de bons yeux, un sang qui circule rapidement et qui l'empêche d'avoir froid dans les pièces glacées; il aime les livres qui parlent à l'imagination, et il peut lire Platon enveloppé dans un manteau, en une chambre froide au haut de la maison, dût-il plus tard associer toujours les Dialogues à une certaine odeur de lainage. Que les effets naturels soient continuellement repoussés, et qu'on leur substitue des arrangements artificiels, c'est le fléau de la vie. Nous nous souvenons d'un temps, dans la première jeunesse, où la terre parlait et où les cieux brillaient; où un soir, n'importe lequel, un soir d'hiver triste, avec neige et grésil, était assez pour nous; les maisons semblaient flotter dans les airs. Maintenant, il faut une rare combinaison de nuages et de clartés pour triompher du vulgaire et du mesquin. Que cherchons-nous dans le paysage, les levers et les couchers de soleil, la mer et le ciel? Qu'est-ce, sinon une compensation à l'étroitesse et à la petitesse des actes humains? Nous nous baignons dans la lumière, et l'esprit trouve quelque chose d'aussi grand que lui-même. Dans la Nature, tout est vaste et puissant repos. Rappelez-vous ce qui arrive à un enfant de la ville qui va pour la première fois dans les bois, en octobre. Il s'initie soudain à une pourpre, à une splendeur qui réalise pour lui les rêves des romans. Il est le roi qu'il a rêvé être; il marche sous des voûtes d'or, à travers des bosquets de pourpre, de porphyre et de topaze; les pavillons succèdent aux pavillons, ornés de guirlandes de vignes, de fleurs, et de rayons de soleil, au milieu des parfums, de la musique et de nombreux appels à ses sens étonnés; les feuilles clignent de son côté, le piquent et le flattent, et les lointains brumeux tentent ses yeux et ses pas vers des solitudes plus heureuses. Tout ce bonheur, il ne le doit qu'à ses perceptions plus délicates. Le propriétaire du bois n'y voit qu'un certain nombre d'arbres dont la verdure se fane, et dit : « Ils doivent être abattus; ils ne se développent ; il faut les couper et les disposer en stères avant le printemps. »

Wordsworth écrit au sujet des ravissements de l'enfant au milieu de la Nature :

> Jamais ne reviendront les heures,
> De la splendeur de l'herbe et de l'éclat des fleurs.

Mais je viens précisément de voir un homme, sachant bien ce dont il parle, qui m'a dit que ces vers n'étaient pas vrais pour lui, que ses yeux s'ouvraient avec l'âge, et que chaque printemps lui paraissait plus beau que le dernier.

Nous vivons parmi des dieux que nous créons nous-mêmes. Cette cloche aux sons profonds, qui a abrégé tant de nuits d'insomnie, ne rend-elle pour vous que des vibrations acoustiques? La vieille Église qui vous a donné les premières leçons de vie religieuse, l'École du village, le Collège où vous avez connu pour la première fois les rêves de l'imagination et les joies de la pensée, ne sont-ils que des planches, des briques et du mortier? La maison où vous êtes né, ou la maison où vivait votre ami le plus cher, n'est-elle qu'une propriété dont la valeur est couverte par l'assurance de la Société Hartford? Vous vous promenez sur la plage et jouissez de l'animation du tableau. Prenez un peu d'eau dans le creux de votre main, prenez une poignée de sable : eh bien, voilà les éléments du spectacle. Qu'est-ce que l'Océan, sinon des kilomètres cubiques d'eau? Un peu plus ou un peu moins ne signifie rien. Non, c'est que cette matière brute fait partie de quelque chose qui n'est pas brut. C'est que ce sol de sable est maintenu par la force de la gravité terrestre, et courbé pour être une partie de la sphère sous ce ciel visible — une partie de ce merveilleux système astronomique existant, en dernière analyse, par des causes morales et pour des fins morales.

Pour le regard, le monde n'est pas fait que de formes, c'est-à-dire à demi; il est fait aussi de couleurs. Comme cet élément baigne l'univers de ses vagues enchanteresses! Le sculpteur a terminé son travail, et voyez un monde nouveau d'une splendeur de rêve! C'est la dernière touche de la Nature; elle ne peut aller au delà de la couleur. De même, la vie est faite non seulement de savoir, mais aussi d'amour. Si la pensée est la forme, le sentiment est la couleur. Elle revêt le squelette du monde, mettant autour de lui l'espace, la variété, et l'éclat. Les teintes du soleil couchant donnent de la grandeur à la vie; de même le sentiment peuple quelque petit groupe de cottages et de foyers, les rend chose importante, et qui remplit la plus grande place dans notre histoire.

Le fait fondamental de notre constitution physique est harmonie de l'homme et du monde, de sorte que tout changement dans ce dernier laisse sa marque dans l'esprit. L'esprit cède sympathiquement aux lois ou tendances qui pénètrent les choses, et qui font l'ordre de la nature; et la santé, la force de l'homme, résident dans la perfection de cette harmonie ou puissance d'expression. Si nous suivons ces indications dans notre éducation intellectuelle, nous trouverons que ce dont nous avons besoin avant tout, ce n'est pas de formules, de dogmes nouveaux, ni d'exposé logique du monde; mais nous avons besoin de suivre et d'entretenir avec amour les sentiments intellectuels et moraux, ces sources de la pensée droite, de les solliciter de rester et de faire leur demeure parmi nous. Tant qu'ils habiteront avec nous, notre pensée ne sera pas erronée. Notre perception dépasse de beaucoup nos talents. Nous faisons aux leçons supérieures de la religion et de la poésie un accueil hors de proportion avec notre faculté d'enseigner. En outre, la grande attention, la grande sympathie des hommes, est plus sage et plus vraie que leurs discours n'ont coutume de l'être. Ce que nous demandons à quiconque étudie l'esprit, c'est une puissance de sympathie profonde; car la principale différence entre les hommes est une différence de sensibilité. Aristote, Bacon, ou Kant, avancent quelque maxime qui devient désormais le thème de la philosophie. Mais ce qui m'intéresse davantage, c'est de savoir que quand ils ont à la fin lancé leur grande parole, elle n'a fait qu'exprimer quelque expérience familière à l'homme du commun. S'il n'en est pas ainsi, on n'en entend plus parler.

Ah! si l'on pouvait conserver cette sensibilité, et vivre dans le présent heureux et qui suffit! si l'on pouvait se contenter du jour et de ses ressources ordinaires, qui ne demandent de vous qu'une faculté de réception, et nullement une tension excessive, une ambition dévorante, un surmenage pour arriver à la tête de votre classe, à la tête de la société, pour avoir honneurs, lauriers, et consomption! Ce n'est pas par notre puissance de pénétration que nous sommes forts, mais par notre puissance d'harmonie. Le monde s'élargit pour nous non par des objets nouveaux, mais par la découverte d'un plus grand nombre d'affinités et de forces dans les objets que nous avons déjà.

Cette sensibilité se manifeste dans l'hommage rendu à la beauté qui exalte les facultés de la jeunesse, dans l'influence que les formes et les couleurs exercent sur la pensée, et se montre encore quand nous voyons des yeux qui sont un honneur pour la race humaine, des traits qui expliquent les statues de Phidias. Fontenelle disait : « Il est trois choses dont je suis curieux, bien que je n'en connaisse rien — la musique, la poésie, et l'amour. » Les grands docteurs en cette science sont les plus grands hommes — Dante, Pétrarque, Michel-Ange, Shakespeare. Le sage Socrate traite cette question avec une certaine malice, cependant avec de très fortes expressions. « J'affirme toujours », dit-il, « qu'il se trouve que je ne connais pour ainsi dire rien en matière d'amour; cependant en ce genre de savoir, je prétends être plus habile que qui que ce soit dans le passé ou le présent. » Ils peuvent parler de cette manière incertaine en ce qui regarde leur savoir, et de cette manière assurée en ce qui regarde leur pouvoir, car le secret est difficile à découvrir, tant il est profond; toutefois le génie se mesure à son talent en cette science.

Quel est celui qui dans la jeunesse, la maturité, ou même la vieillesse, n'aime entendre parler de ces sentiments qui à l'Église font retourner les têtes bouclées et s'envoyer de l'un à l'autre, à travers l'assemblée, de merveilleux coups d'œil qui ne manquent jamais leur but dans la foule la plus nombreuse ? Le statisticien pénétrant compte par dizaines et centaines; l'homme cordial s'intéresse à tout individu qui vient à la réunion. La passion, partout semblable à elle-même, se glisse sous les neiges de la Scandinavie, sous les feux de l'Équateur, et nage dans les mers de la Polynésie. Dans l'Edda scandinave Lofn est une divinité aussi puissante que Camadeva sous le firmament embrasé de l'Inde, Eros en Grèce, ou Cupidon dans le ciel latin. Et ce qui est particulièrement vrai de l'amour, c'est que c'est un état d'impressionnabilité extrême ; l'amoureux a des sens plus nombreux et plus fins que les autres ; ses yeux et ses oreilles sont des télégraphes ; il lit des présages dans la fleur, le nuage, la physionomie, les formes, les gestes, et les lit juste. Dans son étonnement devant l'entente entière et soudaine qui règne entre lui et la créature bien-aimée, il lui vient à l'esprit qu'ils pourraient, d'une manière ou de l'autre, se rencontrer indépendamment du temps et de l'espace. Qu'elle est délicieuse l'idée qu'il pourrait éluder toutes les surveillances, les précautions, les cérémonies, tous les moyens et délais, et communiquer avec elle immédiatement et pour toujours ! Dans la solitude, l'exil, l'espoir revient, l'expérience est tentée, les puissances surnaturelles semblent se mettre de son côté avec empressement. Ce qu'il a sur les lèvres, son amie le dit. S'il lui arrive durant la promenade de tourner la tête, l'amie marche derrière lui. Et il arrive que l'artiste dessine souvent dans ses tableaux le visage de la future épouse qu'il n'a pas encore vue.

Mais en des sentiments qui ne sont nullement aussi exclusifs que ceux de la passion, l'homme sympathique considère aussi comme un plaisir le seul fait d'entendre la voix d'un enfant qui s'adresse tout à lui, ou de voir les manières aimables de la jeunesse de l'un ou de l'autre sexe. Quand les faits sont passés et lointains, comme le plus grand d'entre eux paraît insignifiant en comparaison du piquant de l'actuel! Aujourd'hui aux examens scolaires, dans la classe d'histoire, le professeur interroge Sylvina sur Odoacre et Alaric. Sylvina ne peut peut s'en souvenir, mais se hasarde à dire qu'Odoacre a été vaincu. Le professeur répond sévèrement : « Non, il a vaincu les Romains. » Mais il est évident pour les visiteurs que cela n'a aucune importance en ce qui concerne Odoacre, et que cela en a énormément en ce qui concerne Sylvina; et si elle dit qu'il a été vaincu, eh bien, il aurait beaucoup mieux fait de l'être que de lui donner un moment d'ennui. S'il avait été tant soit peu gentleman, Odoacre aurait dit : « Que je sois mille fois vaincu! »

Notre sympathie pour la jeunesse et la beauté donne une nouvelle et légitime importance à leurs droits récents et multiples; une sympathie identique traite de même en bienvenues toutes les formes d'excellence, sait découvrir et accueillir le mérite caché. Un Anglais de talent et de caractère distingué, qui avait amené ici un ou deux amis et toute une bibliothèque d'auteurs mystiques, m'affirmait qu'en Angleterre il ne restait plus rien ni personne qui pût exciter l'intérêt — il avait emporté tout ce qui avait de la vie. Je fus contraint de répondre : « Non, à la porte voisine de la vôtre, de l'autre côté du mur de la même maison, vivait probablement un homme plus grand qu'aucun de ceux que vous avez vus. » Tout homme a une histoire qui vaut qu'on la connaisse, s'il pouvait la dire, ou si nous pouvions la lui arracher. Le caractère et l'esprit ont leur magnétisme propre.

Envoyez en n'importe quelle ville un homme profond, et il y trouvera un autre homme profond, inconnu jusqu'ici à ses voisins. Augmenter le nombre de nos connaissances supérieures, c'est la plus grande joie de la vie. La loi même des moyennes aurait pu vous assurer que sur cent individus, il est dix ou cinq esprits de valeur. La moralité s'engendre comme l'atmosphère. La genèse de chacune est un secret; mais les sources de la justice et du courage ne font pas plus défaut que le sel ou les sources de sulfure.

Le monde est toujours riche, les oracles ne se taisent jamais; mais celui qui les reçoit doit atteindre par une salutaire tempérance à cet apogée, à cette santé heureuse, qui lui permettront de recevoir et de communiquer aisément ces révélations délicates. La santé est la condition de la sagesse, et sa marque est la gaîté — un caractère ouvert et noble. Il n'y a pas eu de poète qui n'ait eu le cœur bien placé. Le vieux trouvère, Pons Capdueil, a écrit :

> On m'a dit bien souvent, et je crois le mot vrai,
> Que l'homme aimé de l'homme est aimé du Ciel même.

Toute beauté réchauffe le cœur, est un signe de santé, de prospérité, une faveur de Dieu. Le Pouvoir divin a marqué de cette estampille tout ce qui dure et est utile aux hommes. Ce qui est raisonnable et bon dans l'éloquence et les arts, ce n'est pas ce qui nous blesse et nous peine, mais ce qui charme, ce qui affranchit. Car en vérité, à chaque pulsation, le cœur qui est au centre de l'Univers projette le flot du bonheur dans chaque artère, chaque veine, chaque petit vaisseau, de sorte que tout le système est inondé de flux de joie. L'abondance de l'endroit le plus pauvre est trop grande : on ne peut recueillir la moisson. Chaque son s'achève en musique. L'arête de chaque surface est colorée des rayons du prisme.

Encore une marque de succès véritable : les bons esprits choisissent ce qui est positif, ce qui progresse — embrassent l'affirmatif. Notre système est un système de pauvreté. On suppose, comme je l'ai dit, qu'il n'y a eu qu'un Shakespeare, un Homère, un Jésus — non que tous sont inspirés ou devraient l'être. Mais il nous faut commencer par l'affirmation. La vérité et la bonté subsistent à tout jamais. Il est vrai qu'il existe le bien et le mal, la nuit et le jour; mais ce ne sont pas choses égales. Le jour est grand et final. La nuit est pour le jour, mais le jour n'est pas pour la nuit. Que signifie ce besoin immortel de plus de lumière, qui est le propre de notre constitution? cet immense idéal? Il n'est point de critique ni de solliciteur pareil à cette Ame terrible. Nul personnage historique ne commence à nous contenter. Nous connaissons le caractère satisfaisant de la justice, le caractère suffisant de la vérité. Nous connaissons la réponse qui ne laisse rien à demander. Nous connaissons l'Esprit à son accent victorieux. Les pierres de touche à appliquer à tout prétendant nouveau sont la quantité et la qualité — qu'ajoute-t-il? et dans quel état d'esprit me laisse-t-il? Votre théorie n'a pas d'importance; mais qu'ajoutez-vous de nouveau à l'humanité, ou à quelle hauteur pouvez-vous élever la vie? L'homme n'est homme que dans la mesure où il nous rend la nature et la vie plus heureuses.

Je crains que la notion populaire du succès ne soit

en opposition directe avec le succès réel et bienfaisant. L'un adore l'opinion publique, l'autre l'opinion privée; l'un la renommée, l'autre le mérite; l'un les exploits, l'autre l'humilité; l'un le lucre, l'autre l'amour; l'un le monopole, l'autre la largeur d'esprit.

Nous pouvons appliquer cette loi affirmative aux lettres, aux manières, à l'art, à la décoration de nos maisons, etc. Je ne trouve pas que les exécutions, les tortures, les lazarets, les affreuses photographies du champ de bataille le jour où le combat vient d'avoir lieu, soient des sujets de tableaux pour cabinet de travail. Je pense que quelques-uns des « sujets sacrés » doivent être traités avec plus de génie que je n'en ai vu chez les maîtres de l'art italien ou espagnol, pour être des peintures qui conviennent vraiment aux maisons ou aux Églises. La Nature n'invite pas à de telles exhibitions. La Nature façonne avec précision la charpente de chaque être, une charpente rigoureusement appropriée à ses fonctions, puis la voile scrupuleusement. Voyez avec quel soin elle cache le squelette. L'œil ne doit pas le voir : le soleil ne doit pas briller sur lui. Elle tisse sur lui ses enveloppes de tégument, de chair, de cheveux, et d'aimables couleurs du jour; elle force la mort à rester sous terre, se hâte de la recouvrir de feuilles et de vignes, et en efface soigneusement les traces par des créations nouvelles. Qui êtes-vous, et qu'êtes-vous pour montrer l'horrible squelette à nu?

Ne suspendez pas au mur une peinture lugubre, et ne broyez pas de la tristesse et du noir dans votre conversation. Ne soyez pas un prédicateur pessimiste et chagrin. Abstenez-vous de vous plaindre et de vous lamenter. Omettez les propositions négatives.

Fortifiez-nous d'incessantes affirmations. Ne vous usez pas à rejeter les choses, ni à crier contre le mal, mais chantez la beauté du bien. Quand on formule ce qui doit être formulé, le bavardage et la critique s'arrêtent. N'avancez rien qui ne puisse aider quelqu'un.

> Car tout don de noble origine
> S'anime au souffle de l'Espoir.

L'affirmation des affirmations, c'est l'amour. Autant d'amour, autant de perception. Ce que la chaleur est à la matière, l'amour l'est à l'esprit; il l'élargit, et lui donne la puissance. La volonté bonne mène à l'intuition, comme on trouve son chemin vers la mer en s'embarquant sur une rivière. J'ai vu des douzaines de personnes qui pouvaient me réduire au silence; mais j'en cherche une qui me fasse oublier ou surmonter les froideurs et la stupidité où je tombe. Vasari nous dit que le peintre Giotto a renouvelé l'art, parce qu'il a mis plus de bonté sur ses visages. Éveiller et élever dans l'homme le sens de la dignité, faire l'éducation de ses sentiments et de son jugement de sorte qu'il se méprise lui-même quand il a fait une action mauvaise, voilà le seul but à atteindre.

Détruire est chose ordinaire et facile. Dans toute la rue pleine de visages ardents et roses, il n'est pas d'innocentes jeunes filles ou de garçons joyeux, enthousiasmés de nobles projets de devoir, qu'un pessimiste ne puisse glacer et décourager d'un seul mot. L'abattement vient assez vite aux plus énergiques. Que les affirmations amères du pessimiste suivent seulement leurs observations, leur marche empressée et courageuse s'arrêtera, et ils retourneront chez eux d'un pas plus lourd et prématurément vieillis. Ils fourniront eux-mêmes assez vite au froid misérable l'observation dont il a besoin. Lequel d'entre eux n'a pas réussi à plaire là où il le désirait le plus? ou commis des bévues là où il avait le plus l'ambition de réussir? ou ne s'est trouvé gauche et ennuyeux, incapable d'étude, de pensée, d'héroïsme, ne gardant que l'espoir d'arriver par le bons sens et la persévérance à faire ce qu'il devait et à n'encourir aucun blâme? Et avec ces satires et son scepticisme, ce spirituel malfaiteur diminue leurs pauvres espérances, et détend les ressorts de leurs efforts. Oui, c'est là chose facile; mais aider la jeune âme, augmenter l'énergie, inspirer l'espoir, ranimer les cendres et en faire jaillir la flamme bienfaisante, racheter l'échec par une pensée nouvelle, par une conduite ferme, ce n'est pas chose aisée, c'est l'œuvre d'hommes divins.

Nous vivons sur des plans ou à des niveaux différents. Il y a une vie extérieure à laquelle l'école prépare; on apprend à lire, écrire, compter, avoir une profession; on apprend à saisir tout ce qu'un enfant peut acquérir, on est incité à aller de l'avant, à se rendre utile et agréable dans le monde, à monter à cheval, courir, raisonner, discuter, déployer ses talents, briller, conquérir, et posséder.

Mais la vie intérieure reste au foyer, et n'apprend nullement à faire les choses, ni à estimer ces exploits. C'est une vision tranquille et sage. Elle aime la vérité, parce qu'elle-même est réelle; elle aime le juste, elle ne connaît rien d'autre; mais elle ne fait pas de progrès, apparaît aussi sage dans nos premiers souvenirs qu'elle l'est à présent, est exactement dans la maturité, et plus tard dans la vieillesse, ce qu'elle était dans la jeunesse. Nous sommes devenus des femmes, des hommes; nous avons talents, relations, enfants, réputation, métier; elle compte tout cela pour rien. Elle vit dans le grand présent; elle donne au présent sa grandeur. Cette âme tranquille, fermement établie, à vue large, n'est ni courrier, ni avoué, ni magistrat : elle vit dans le soleil, et plane sur le monde. Un individu de ce tempérament disait un jour à un homme très actif : « Je vous pardonne d'en faire tant, et vous me pardonnerez de ne rien faire. » Euripide dit : « Zeus hait les gens affairés et ceux qui en font trop. »

LA VIEILLESSE

LA VIEILLESSE

A l'anniversaire de la Société Phi Beta Kappa, à Cambridge, en 1861, on reçut au dîner avec des marques particulières de respect le vénérable Président Quincy, doyen de la Société, aussi bien que des anciens élèves de l'Université. Il répondit aux compliments par un discours; alléguant agréablement les privilèges d'une réunion littéraire, il entra assez longuement dans l'Apologie de la Vieillesse et, s'aidant de notes qu'il avait en main, fit une sorte de commentaire général du Traité de Cicéron *De Senectute*. Le caractère de l'orateur, l'évidente bonne foi de ses louanges et de ses blâmes, et la *naïveté*[1] avec laquelle il montra qu'il préférait de beaucoup les opinions de Cicéron à celles du Roi David, donnèrent un intérêt exceptionnel à la fête du Collège. Ce fut un discours plein de dignité, honorant celui qui le prononça et ceux qui l'écoutèrent.

Le discours m'amena à parcourir à la maison — travail facile — le célèbre Essai de Cicéron qui charme

1. En français, dans le texte.

par le mérite soutenu du style, est héroïque en ses préceptes stoïciens, voit en Romain les droits de l'État, se montre particulièrement heureux, peut-être, dans son éloge de la vie rustique, et s'élève à la fin à un accent supérieur. Mais il n'épuise pas la question ; il invite plutôt à essayer d'ajouter au tableau des traits de notre vie moderne plus large.

Cicéron ne mentionne nullement les illusions qui s'attachent à l'élément du temps, et où la Nature se complaît. Wellington disait en parlant des militaires : « Quel masque que ces uniformes pour cacher des poltrons ! » J'ai souvent, trouvé les mêmes faux — semblants dans les pantoufles, la pelisse ouatée, la perruque, les lunettes, et le fauteuil rembourré de la Vieillesse. La Nature se prête à ces illusions, et ajoute la vue affaiblie, l'ouïe dure, la voix cassée, les cheveux blancs, la mémoire courte et la somnolence. Ce sont là aussi des masques, et tout ce qui les porte n'est point Vieillesse. Alors que nous nous appelons encore des jeunes, et que nos compagnons sont des jeunes gens ayant même des restes enfantins, quelque brave garçon de la bande exhibe prématurément une tête grise ou chauve, laquelle ne nous en impose pas, nous qui savons combien il ignore la sainteté ou le Platonisme, mais trompe ses cadets et le public qui lui témoignent aussitôt un respect, des plus amusants ; et par là nous découvrons un secret, à savoir que les airs vénérables qui inspiraient à notre enfance une telle crainte respectueuse étaient également imposteurs. La Nature est pleine de fantaisies, et met tantôt une vieille tête sur de jeunes épaules, tantôt un jeune cœur palpitant sous quatre-vingts hivers.

Car si l'essence de l'âge n'est pas présente, ces signes, qu'ils soient artificiels ou viennent de la Nature, sont des contrefaçons et des ridicules : l'essence de l'âge, c'est l'intelligence. Partout où elle apparaît, nous l'appelons vieille. En regardant dans les yeux l'être le plus jeune, nous découvrons parfois qu'il y a là quelqu'un qui sait déjà ce que nous nous donnerions beaucoup de peine pour lui apprendre; il y a en lui l'ancêtre de tout ce qui est autour de lui — fait que les Védas expriment en disant : « Celui qui sait discerner est le père de son père. » Et en nos vieilles légendes bretonnes sur Arthur et la Table Ronde, son ami et conseiller, Merlin le Sage, est un enfant trouvé dans une corbeille au bord de la rivière et, bien qu'il n'ait que quelques jours, il parle distinctement à ceux qui le découvrent, dit son nom et son histoire, et bientôt prédit le sort de ceux qui l'entourent. Partout où il y a la puissance, il y a l'âge. Ne vous laissez pas tromper par les fossettes et les boucles. Je vous le dis, ce nouveau-né est vieux de mille ans.

Le temps est en réalité le théâtre et le siège de l'illusion : rien n'est si ductile et élastique. L'esprit donne à une heure l'étendue d'un siècle, et ramène un siècle à une heure. A Damascus, Saadi trouva en une mosquée un vieux Persan de cent cinquante ans qui se mourait, et se disait à lui-même : « En venant au monde, je m'étais dit : « Je vais me réjouir quelques « moments. » Hélas ! Au banquet varié de l'existence je n'ai pris que quelques bouchées, et les Destins ont dit : *Assez!* » Ce qui ne périt pas est en nous si actuel, si dominateur, qu'aussi longtemps que l'on est seul avec soi-même, l'on n'est pas sensible aux envahissements du temps, qui attaque toujours l'extrémité des surfaces. Si, par un jour d'hiver, vous vous tenez sous une cloche de verre, l'aspect et la couleur des nuages de l'après-midi ne vous indiqueront pas si vous êtes en juin ou en janvier; et si nous ne nous trouvions reflétés dans les yeux des jeunes gens, nous ignorerions que l'horloge de l'âge a sonné soixante-dix ans au lieu de vingt. Combien d'hommes s'imaginent d'ordinaire que tout passant avec qui ils causent par hasard est de leur âge, et ne tardent pas à découvrir que c'était son père, et non son frère, qu'ils ont connu !

Mais sans serrer de trop près ces déceptions et illusions de la Nature, inséparables de notre condition, si, regardant le grand âge sous un jour plus conforme au sens commun, on pose la question du bonheur de la vieillesse, je crains que le jugement populaire ne lui soit pas tout d'abord favorable. Du point de vue de l'expérience matérielle de la rue, de la place publique, des lieux de gain et de plaisir, le jugement que l'on porte sur la vieillesse est médiocre, mélancolique et sceptique. Envisagez les faits franchement, et voyez les résultats. Le tabac, le café, l'alcool, le haschisch, l'acide prussique, la strychine, sont de faibles dilutions : le temps est le poison le plus sûr. Cette coupe, que la Nature approche de nos lèvres, a une vertu surprenante qui surpasse celle de n'importe quelle autre boisson. Elle ouvre les sens, augmente les facultés, nous remplit de rêves exaltés, que nous appelons espérance, amour, ambition, science : elle crée surtout la soif d'en boire davantage. Mais ceux qui en boivent le plus s'enivrent, perdent leur stature, leur force, leur beauté, l'usage de leurs sens, et finissent dans le délire et la folie. Nous ajournons nos travaux littéraires au temps où nous aurons plus de maturité et de talent pour écrire; et un jour nous découvrons que nos dons littéraires étaient une effervescence juvénile, maintenant perdue. Nous avons eu dans les Massachusetts un juge qui à l'âge de soixante ans proposa de résigner sa charge, alléguant une certaine baisse qu'il percevait dans ses facultés; pour des raisons d'intérêt public, ses amis le dissuadèrent de se retirer à ce moment-là. A soixante-dix ans, on lui insinua qu'il était temps de prendre sa retraite; mais il répliqua alors qu'il estimait son jugement aussi robuste, et toutes ses facultés aussi solides que jamais. Mais sans parler de ces déceptions personnelles, les travailleurs ordinaires, énergiques et pressés ne collaborent pas aisément avec le valétudinaire chronique. La jeunesse est partout à sa place. La vieillesse, comme les femmes, exige un cadre qui lui convienne. La vieillesse est agréable à voir en voiture, dans les Églises, les sièges de l'État, les cérémonies, les Chambres de conseil, les cours de justice, les sociétés historiques. La vieillesse est bienséante à la campagne. Mais dans le tourbillon et le vacarme de Broadway, si vous regardez les physionomies des passants, vous constaterez que les vieillards ont un air déprimé ou indigné, un certain sentiment d'injure cachée, et les lèvres serrées avec la résolution héroïque de n'y pas faire attention. Peu de gens envient la considération dont jouit l'habitant le plus âgé. Nous ne comptons les années d'un individu que lorsqu'il n'y a en lui rien d'autre qui compte. L'immense inconvénient de l'immortalité corporelle a été mis en lumière dans la fable de Tithon. En un mot, le credo populaire est que la vieillesse n'est pas déshonorante, mais extrêmement désavantageuse. La vie est une assez bonne chose, mais nous devons tous être contents d'en sortir, et tous seront satisfaits de nous le voir faire.

Il est évident que c'est là chose odieuse. La conviction universelle ne doit pas être ébranlée par des boutades de pompiers et de garçons bouchers surnourris, ou par des craintes sentimentales de jeunes filles qui voudraient conserver sur leurs joues la fraîcheur de l'enfance. Nous savons la valeur de l'expérience. La vie et le talent s'accumulent avec le temps, et celui-là seul qui a accompli quelque chose dans un domaine quelconque mérite d'être entendu sur ce sujet. Un individu ayant de grands emplois et une haute capacité avait coutume de me dire qu'il ne croyait pas qu'un homme eût quelque valeur avant soixante ans; cela rappelle un peu la décision de certain Club de « Jeunes Républicains », déclarant éligibles tous ceux qui seraient au-dessous de soixante-dix ans. Mais dans tous les Gouvernements, les conseils du pouvoir ont appartenu aux vieillards; et patriciens ou *patres*, sénat ou *senes*, seigneur ou *senior*, *gerousia*, le Sénat de Sparte, le « prêtre » de l'Église, et autres termes semblables, tous ces mots désignent simplement des vieillards.

La croyance cynique, la raillerie de la place publique est réfutée par le souhait universel d'une longue vie, et c'est là le jugement de la Nature, confirmé par toute l'Histoire. Nous avons, il est vrai, des exemples de la rapidité avec laquelle des jeunes gens ont achevé de grandes œuvres; tel est le cas d'Alexandre de Macédoine, de Raphaël, Shakespeare, Pascal, Burns, et Byron ; mais ce sont là des exceptions rares. La Nature, en général, maintient sa loi. L'adresse à faire les choses vient en les faisant ; le savoir vient par les yeux toujours ouverts, et les mains laborieuses ; et il n'est pas de savoir qui ne soit un pouvoir. Béranger a dit : « Presque tous les bons travailleurs vivent longtemps. » Et si la vie est vraie et noble, nous avons une toute autre sorte de vieillards que ces radoteurs moisis, timorés, maussades, qui sont faussement vieux — à savoir, des hommes qui ne craignent aucune ville, mais par qui les villes se soutiennent ; des hommes qui en paraissant dans la rue, voient les gens sortir de leurs maisons pour les contempler et leur obéir : tel « le Cid à la barbe floconneuse », à Tolède ; Bruce, d'après ce que nous en dit Barbour ; ou Dandolo aveugle, élu Doge à quatre-vingt-quatre ans, assaillant Constantinople à quatre-vingt-quatorze ans, victorieux encore après la révolte, élu à quatre-vingt-seize ans au trône de l'Empire d'Orient, qu'il refusa, et mourant Doge à quatre-vingt-dix-sept ans. Nous sentons encore la force de Socrate, « que l'oracle bien avisé déclara le plus sage des hommes » ; d'Archimède, soutenant par son intelligence Syracuse contre les Romains, et valant lui-même plus que toute leur nation ; de Michel-Ange, portant les quatre couronnes de l'architecture, de la sculpture, de la peinture, et de la poésie ; de Galilée, dont Castelli disait au sujet de sa cécité : « Il est éteint le regard le plus noble que la Nature ait jamais fait — un regard qui a plus vu que tous ceux qui viendront après lui » ; de Newton, qui mourut à quatre-vingt-cinq ans, ayant fait autant de découvertes importantes qu'il avait d'années; de Bacon, qui « prit toute la science pour domaine »; de Fontenelle, « ce vase de porcelaine précieuse, mis au milieu de la France pour être gardé avec le plus grand soin durant cent ans »; de Franklin, de Jefferson, d'Adams, hommes d'État sages et héroïques; de Washington, le parfait citoyen; de Wellington, le parfait soldat; de Gœthe, le poète d'un savoir universel; de Humboldt, l'encyclopédie de la science.

Sous l'affirmation générale du bonheur de la vieillesse, nous pouvons considérer aisément les avantages particuliers de cet état. Elle a doublé les caps dangereux et les bas-fonds de la mer où nous naviguons, et la principale calamité de la vie a disparu en enlevant les motifs de crainte. Le contrat d'assurance d'un vaisseau prend fin quand il arrive au pays, dans le port. Il serait extraordinaire qu'un homme ne passât pas la soixantième année sans un sentiment de soulagement immense à la pensée de la quantité de dangers auxquels il a échappés. Quand sa vieille épouse lui dit : « Faites attention à cette tumeur que vous avez à l'épaule, elle est peut-être cancéreuse », il répond : « Je m'attends à une décomposition plus sûre encore. » Le voleur facétieux qui but un verre de bière au pied de la potence souffla sur la mousse parce qu'il avait entendu dire que c'était malsain; mais on n'ajoutera pas une angoisse au prisonnier que l'on fait sortir pour le fusiller, en lui affirmant que son mal au genou menace de devenir gangreneux. Quand la pleuro-pneumonie des vaches faisait rage, les bouchers disaient que, bien qu'à ce degré aigu la chose fût nouvelle, il n'y avait jamais eu d'époque où cette maladie n'eût atteint le bétail. Tous les hommes au cours de la vie portent en eux à l'état latent le germe de tous les maux, et nous mourons sans qu'ils se développent; telle est la force positive de la constitution; mais si, pour une raison quelconque, vous êtes affaibli, quelques-uns de ces germes endormis poussent ou s'épanouissent. Cependant, à chaque stade nous perdons un ennemi. On dit que les gens affligés de maux de tête en sont débarrassés à cinquante ans. J'espère que cette *hégira* n'est pas une fête aussi mobile que celle que j'attends tous les ans, quand les horticulteurs m'annoncent que les pucerons des roses de nos jardins disparaîtront le dix juillet; ils restent quinze jours de plus dans le mien. Mais advienne que pourra des migraines — il est sûr que de plus graves souffrances de tête et de cœur se calment pour toujours à mesure que nous atteignons certaines limites du temps. Les passions ont répondu à leurs fins. Cette surcharge légère, mais redoutée, grâce à laquelle la Nature assure en toutes circonstances l'exécution de ses desseins, tombe. Pour retenir l'homme sur la terre, elle lui inspire la terreur de la mort. Pour perfectionner la subsistance, elle met en chacun une certaine avidité à se procurer ce qui est nécessaire à ses besoins, et un peu plus. Pour garantir l'existence de la race, elle renforce l'instinct sexuel, au risque d'engendrer le désordre, l'affliction, la douleur. Pour assurer la vigueur, elle implante dans l'être la faim cruelle et la soif, qui dépassent si aisément leur rôle, et provoquent la maladie. Mais aussitôt qu'ils peuvent être remplacés par des ressorts plus nobles, ces soutiens et expédients temporaires servant à la protection du jeune animal sont rejetés.

Dans la jeunesse, nous vivons en un tumulte de passions, beaucoup trop sensibles, trop avides, trop instables. Plus tard, l'esprit et le cœur s'ouvrent, et fournissent des mobiles d'activité plus élevés. Nous apprenons les rétributions fatales qui accompagnent chaque acte. Alors — l'une après l'autre — ces bandes déréglées de destructeurs du temps disparaissent.

Un autre avantage capital de la vieillesse, c'est qu'un succès de plus ou de moins ne signifie rien. Petit à petit, elle a amassé un tel fonds de mérites, qu'elle peut très bien se permettre de vivre sur son crédit quand elle le veut. Lorsqu'il m'arriva de rencontrer Wordsworth, alors âgé de soixante-trois ans, il me dit « qu'il venait de tomber et avait perdu une dent, et que quand ses connaissances s'inquiétaient de l'accident, il répondait qu'il était heureux que cela ne lui fût pas arrivé quarante ans plus tôt ». Eh bien, la Nature veille à ce que nous ne perdions pas nos organes quarante ans trop tôt. Un avocat plaidait hier une cause à la Cour suprême, et j'étais frappé d'un certain air d'indifférence et de provocation qui lui allait très bien. Il y a trente ans, c'était une grave affaire pour lui que son plaidoyer fût bon et efficace. Maintenant la chose a de l'importance pour son client, mais non pour lui-même. Ce qu'il peut faire ou ne peut pas faire est fixé depuis longtemps, et sa réputation n'a rien à gagner ni à souffrir d'une nouvelle plaidoirie ou d'une douzaine. S'il lui arrivait en une circonstance nouvelle de s'élever tout à fait au-dessus de lui-même et d'accomplir quelque chose d'extraordinaire, naturellement, cela ferait aussitôt du bruit ; mais il peut descendre impu-

nément au-dessous de lui-même ; les gens diront :
« Oh ! il avait la migraine », ou : « Il y a deux nuits
qu'il n'a dormi. » De quel souci des apparences, de
quel fardeau d'anxiétés qui jadis le dégradaient, n'est-
il pas ainsi délivré ! Chacun en vivant a conscience de
cet avantage progressif. Tous les jours honnêtes qui
sont derrière lui sont des garants qui parlent pour
lui quand il garde le silence, paient pour lui quand il
n'a pas d'argent, l'introduisent là où il n'a pas de
lettres de recommandation, et travaillent pour lui
quand il dort.

Une troisième félicité de la vieillesse, c'est d'avoir
pu manifester ce qu'on avait en soi. Le jeune homme
ne souffre pas seulement de désirs non satisfaits,
mais de facultés qui ne sont pas mises à l'épreuve,
de la représentation intime d'une carrière qui n'a pas
encore de réalité extérieure. Le manque d'accord
entre les choses et les idées le tourmente. La tête de
Michel-Ange est pleine de figures mâles et gigan-
tesques marchant comme des dieux, et de rêves
d'architecture qui le rendent intraitable, jusqu'à ce
que son ciseau violent ait rendu les unes dans le
marbre, et qu'une centaine de maçons aient dressé
les autres en rangées de travertine[1]. La même
tempête se passe en toute tête bien faite où s'implante
quelque grande idée bienfaisante pour le monde. Les
tortures continuent jusqu'à ce que l'enfant soit né.
Toute faculté nouvelle à chaque homme l'aiguillonne
ainsi et le pousse en des solitudes mélancoliques,
jusqu'à ce qu'il ait trouvé sa propre issue. Toutes les

---

1. Espèce de marbre qui se trouve en abondance dans certaines
parties de l'Italie (T.).

fonctions du devoir humain le stimulent et le cinglent en avant, gémissant et murmurant, jusqu'à ce qu'elles soient accomplies. Il a besoin d'amis, d'occupations, de savoir, de pouvoir, d'une maison et de terres, d'une femme et d'enfants, d'honneur et de renommée; il a des besoins religieux, des besoins esthétiques, des besoins domestiques, civils, humains. Un à un, jour après jour, il apprend à transformer ses désirs en réalités. Il a sa profession, sa maison, ses relations sociales, son autorité personnelle, et ainsi, après cinquante années, son âme s'apaise en voyant une sorte d'harmonie entre ses désirs et ses biens. Cette satisfaction, qu'elle offre lentement à chaque aspiration, fait la valeur de la vieillesse. Celui-là est serein qui ne se sent pas à l'étroit et lésé, mais dont la condition, en particulier et en général, lui permet d'exprimer son âme. Chez les personnes âgées qui ont pu ainsi se manifester pleinement, on remarque souvent une belle mine épanouie, permanente, une sorte de complexion de cire indiquant que toute la fermentation des premiers jours s'est apaisée, et transformée en sérénité de pensée et de manières.

Les compensations de la Nature se montrent dans la vieillesse comme dans la jeunesse. En ce monde si chargé et si étincelant de pouvoir, un homme n'a pas une vie longue et active sans de précieuses acquisitions d'expériences qui, bien qu'inexprimées, sont enregistrées dans son esprit. Ce qui pour le jeune homme n'est qu'une conjecture et une espérance, est pour le vétéran une loi assimilée. Il regarde avec complaisance les exploits des jeunes, mais comme quelqu'un qui, connaissant depuis longtemps ces jeux, les a épurés en résultats et moralité. Quand les jeunes braves se vantaient de leurs exploits, le Peau-Rouge disait : « Mais les gens de soixante ans ont tous ceux de vingt ans et de quarante en eux. »

Un quatrième bienfait de la vieillesse, c'est qu'elle met sa maison en ordre et achève ses œuvres, ce qui pour l'artiste est le plaisir suprême. La jeunesse a un excès de sensibilité ; toute chose brille devant elle et l'attire. On abandonne une occupation pour une autre, et l'année du jeune homme est un monceau de commencements. A la fin des douze mois, il n'a rien à montrer — pas une œuvre complète. Mais le temps n'a pas été perdu. Nos instincts nous poussent à accumuler d'innombrables expériences, qui n'ont encore aucune valeur visible, et que nous pouvons garder deux fois sept ans avant d'en avoir besoin. Les meilleures choses croissent lentement. L'instinct de classer marque un esprit sage et sain. Linné imagine son système et établit vingt-quatre classes de plantes, avant même d'en avoir trouvé dans la nature une seule qui justifiât certaines de ses classes. Sa septième classe n'en a pas. Dans la suite, il trouve avec joie la petite *Trientalis* blanche, la seule plante ayant sept pétales et quelquefois sept étamines, qui constitue une septième classe conforme à son système. Le conchyliologiste prépare ses vitrines alors qu'il n'a encore qu'un petit nombre de coquilles. Il étiquette des rayons pour les classes, des cases pour les espèces : à l'exception d'un petit nombre, rayons et cases sont vides. Mais chaque année comble quelque lacune, et cela avec une vitesse accélérée à mesure qu'il connaît davantage et devient lui-même plus connu. Un vieux scholar trouve un vif plaisir à vérifier les anecdotes frappantes et les citations qu'il a entendues au cours de sa jeunesse, ou rencontrées dans ses lectures variées. Nous gardons en notre mémoire d'importantes anecdotes, et nous avons perdu toute idée de l'auteur de qui nous les tenons. Nous avons un discours héroïque de Rome ou de la Grèce, mais ne pouvons déterminer celui qui l'a prononcé. Nous avons un vers admirable, digne d'Horace, qui de temps à autre chante dans notre esprit, mais l'avons recherché en vain dans tous les livres probables et improbables. Nous consultons les hommes de cabinet; mais, fait assez étrange, eux qui connaissent tout, ne connaissent pas la chose. Nous avons surtout une certaine pensée isolée qui nous hante, mais reste isolée et stérile. A cela, il n'est d'autre remède que le temps et la patience. Oui, le temps est le trouveur, l'explorateur infatigable, qui n'est pas sujet aux accidents, et qui finalement a l'omniscience. Un jour vient où nous trouvons l'auteur inconnu de notre histoire, où le discours courageux retourne droit au héros qui l'a prononcé, où le vers admirable trouve le poète à qui il revient; et, ce qui vaut mieux que tout, où la pensée solitaire qui semblait si sage, mais n'était cependant qu'à demi sage et à demi pensée, puisqu'elle ne répandait au dehors aucune lumière, rencontre soudain dans notre esprit sa sœur jumelle, son corollaire, l'idée analogue la plus rapprochée, qui lui donne immédiatement une force rayonnante, et justifie l'instinct superstitieux qui nous la faisait conserver. Nous nous souvenons de notre ancien professeur de grec à Cambridge, vieux célibataire vivant au milieu de ses in-folios, possédé de l'espoir d'achever un travail sans rien qui pût interrompre ses loisirs après ses trois heures de classe, et se répétant, toujours en se caressant la jambe « qu'il devrait se retirer de l'Université et lire les classiques ». Dans le roman de Gœthe, le premier personnage pour la sagesse et l'influence, Makaria, se plaît à se retirer dans la solitude pour s'adonner à l'astronomie et à la correspondance épistolaire. Gœthe lui-même poussa au plus haut point ce perfectionnement de ses travaux. Beaucoup de ses ouvrages restèrent sur le chantier depuis la jeunesse jusqu'à ses derniers jours, et ne reçurent une touche que tous les mois ou tous les ans. Astrologue littéraire, il ne se mettait jamais à un travail qu'au moment heureux où toutes les étoiles le permettaient. Bentley pensait qu'il vivrait probablement jusqu'à quatre-vingts ans — assez longtemps pour lire tout ce qui valait la peine d'être lu — « *Et tunc magna mei sub terris ibit imago.* » Plus grand encore est le plaisir que les vieillards prennent à achever leurs affaires séculières, l'inventeur son invention, l'agriculteur ses expériences, et tous les hommes âgés à finir leur maison, arrondir leur propriété, mettre leurs titres au clair, ramener l'ordre dans les affaires embrouillées, apaiser les inimitiés, et laisser tout dans le meilleur état pour l'avenir. On doit croire qu'il existe une proportion entre les desseins d'un homme et la longueur de sa vie : il y a un calendrier de ses années, il y en a un aussi de ses œuvres.

L'Amérique est le pays des jeunes hommes, et jusqu'ici elle a eu trop de travail pour connaître le loisir et la tranquillité ; cependant, nous avons eu des centenaires robustes, et des exemples de sagesse et de dignité. J'ai trouvé récemment dans un vieux livre de notes le compte rendu d'une visite à l'ex-

Président John Adams, en 1825, peu de temps après l'élection de son fils à la Présidence. Ce n'est qu'une esquisse, et la conversation n'eut rien d'important ; mais elle rend compte d'un moment de la vie d'un être héroïque qui, dans l'extrême vieillesse, restait encore droit et digne de sa réputation.

Février, 1825. Aujourd'hui, été à Quincy, avec mon frère, sur l'invitation de la famille de M. Adams. Le vieux Président était assis dans un large fauteuil rembourré, vêtu d'un paletot bleu, d'une culotte noire avec des bas blancs ; une coiffure de coton couvrait sa tête chauve. Nous lui fîmes nos compliments, lui dîmes qu'il devait nous permettre de joindre nos congratulations à celles du pays sur le bonheur de sa famille. Il nous remercia, et dit : « Je me réjouis, parce que la nation est heureuse. Le temps des félicitations et congratulations est presque fini pour moi : je suis surpris d'avoir assez vécu pour avoir eu connaissance de cet événement. Maintenant, j'ai presque vécu un siècle ; [il eut quatre-vingt-dix ans au mois d'octobre qui suivit] j'ai eu une vie longue, fatigante, et agitée. » — Je lui dis : « Le monde estime qu'il s'y est mêlé beaucoup de joie. » — « Le monde », répliqua-t-il, « ne sait pas combien de peines, d'anxiétés, de chagrins, j'ai eu à supporter. » Je lui demandai si on lui avait lu la lettre d'acceptation de son fils. « Oui », dit-il, et il ajouta : « Mon fils a plus de prudence politique qu'aucun des hommes que j'ai connus de mon temps ; il n'a jamais cessé d'être sur ses gardes, et j'espère qu'il conti-

---

1. Il n'est peut-être pas inutile de faire remarquer que pour les Américains, ce compte rendu a l'intérêt d'une page d'histoire.

nuera ainsi; mais quel effet désastreux l'âge pourra avoir sur sa force d'esprit, je l'ignore; il a été très surmené, même depuis ses premiers jours. Il a toujours été un homme, un enfant laborieux, et cela dès le jeune âge. » — Quand on mentionna l'âge de M. J. Q. Adams, il dit : « Il a maintenant cinquante-huit ans, ou les aura en juillet », et il fit remarquer que « tous les Présidents avaient été du même âge : le général Washington avait environ cinquante-huit ans, j'avais environ cinquante-huit ans, ainsi que M. Jefferson, M. Madison et M. Monroe. » Nous lui demandâmes quand il pensait voir M. Adams. Il répondit : « Jamais : M. Adams ne viendra à Quincy que pour mes funérailles. Ce me serait une grande satisfaction de le voir, mais je ne désire pas qu'il se dérange pour moi. » Il parla de M. Lechmere, qu'il « se rappelait bien avoir vu descendre journellement, à un âge avancé, pour venir au vieil Hôtel de Ville », — et il ajouta : « Je voudrais pouvoir marcher aussi bien que lui. Il a été pendant des années percepteur de la douane sous le Gouvernement royal. » — E.[1] lui dit : « Je suppose, monsieur, que vous n'auriez pas aimé être à sa place, même pour marcher aussi bien que lui. » — « Non », dit-il, « ce n'était pas là ce qu'il me fallait. » Il parla de Whitefield, et se rappela que quand il était étudiant de première année au collège, il vint à la ville, à la *Vieille Église du Sud* [je crois] pour l'entendre, mais ne put entrer. — « Cependant », dit-il, « je le vis par une fenêtre, et entendis tout distinctement. Il avait une voix comme je n'en ai jamais entendue avant ou après. Il l'émettait de telle

---

1. Edward Bliss Emerson (T.).

sorte que vous auriez pu l'entendre à la Meeting-house [indiquant la Maison de réunion de Quincy] et il avait la grâce d'un maître de danse, d'un acteur. Sa voix et ses manières lui servaient plus que ses sermons. J'y allai avec Jonathan Sewall. » — « Et vous en fûtes satisfait, monsieur? » — « Satisfait! Je fus ravi au delà de toute mesure. » Nous lui demandâmes si, à son retour, Whitefield avait continué à jouir de la même popularité. — « Ce ne fut pas la même passion », dit-il, « pas le même enthousiasme débordant d'autrefois; mais il fut plus estimé à mesure qu'on le connut mieux. Il ne terrifiait pas, mais on l'admirait. »

Nous restâmes environ une heure dans sa chambre. Il parle très distinctement pour un homme aussi âgé, s'avance bravement en de longues phrases que le manque de respiration interrompt, mais les pousse invariablement jusqu'au bout, sans corriger un mot.

Il parla des nouveaux romans de Cooper, du *Coup d'œil sur les Pèlerins*, et de *Saratoga*, avec éloges, et en nomma exactement les personnages. Il aime avoir toujours une personne qui lui fait la lecture, ou du monde causant dans sa chambre, et quand il a des visiteurs du matin au soir, il se trouve mieux le lendemain.

L'après-midi du dimanche, il reçut, sans aucune excitation, un rapport prématuré de l'élection de son fils, et dit au reporter qu'il avait été mystifié, car il s'était écoulé encore trop peu de temps pour que les nouvelles pussent arriver. L'informateur, quelque peu refroidi, insista pour se rendre à la Meeting-house et annoncer la nouvelle à la Congrégation, qui fut si enthousiasmée que les gens se levèrent de leur

siège et applaudirent par trois fois. Le Révérend
M. Whitney les congédia aussitôt.

Quand on a noblement dépensé la vie, la vieillesse
est une perte des choses dont on peut se passer
aisément — force musculaire, instincts organiques,
corps puissant, et œuvres qui en dépendent. Mais la
sagesse centrale, qui était vieille dans l'enfance, est
jeune à quatre-vingts ans et, se débarrassant des
obstacles, laisse en des pensées heureuses l'esprit
purifié et sage. J'ai entendu dire que quiconque aime
n'est jamais vieux. J'ai entendu dire que partout où
l'on prononce le nom de l'homme, on proclame la
doctrine de l'immortalité ; elle s'attache à sa constitution. Sa nature confond notre esprit, et aucun
murmure ne nous vient de l'autre monde. Mais les
déductions du travail de l'intelligence, accumulant
le savoir, accumulant le talent — à la fin de la vie jus-
tement prête à naître — confirment les inspirations
du cœur et du sentiment moral.

TABLE DES MATIÈRES

Société et Solitude 1
La Civilisation. 17
L'Art 31
L'Éloquence. 51
La Vie domestique. 87
De la Chose rustique. 117
Les Travaux et les Jours 135
Les Livres. 163
Les Clubs 193
Le Courage 219
Le Succès 245
La Vieillesse. 273

Eug. Morieu, Imp.